관음신앙,
33개의 나침반

KB217843

관음신앙 觀音信仰,
33개의
나침반

목경찬 지음

담앤북스

"관세음보살, 관세음보살, 관세음보살…."

어느 겨울날 지리산 산장에서 잠결에 관세음보살을 부르며 자고 있었나 봅니다. 아침에 일어나니 옆자리에 자던 사람이 왜 그렇게 관세음보살을 부르며 자느냐고 하네요. 힘겨웠던 20대 때 한 달 동안 겨울 산을 헤매고 다녔습니다. 춥고 눈 많은 산을 혼자 가려니 두려웠습니다. 믿을 분이라고는 관세음보살님밖에 없는 듯하여 입에 관세음보살을 달고 다녔습니다. 그것이 잠결에도 이어졌나 봅니다.

가피!

가피의 다른 말은 감응感應입니다. 감感은 '불러들인다(초인招引)'는 뜻으로, 중생이 불보살님에게 다가가는 의미입니다. 응應은 불보살님께서 이에 응하여 다가오신다는 뜻입니다. 연못 물이 맑아진 만큼(感) 달이 비치는 것(應)처럼, 중생이 부딪쳐 온 만큼(感) 불보살님께서 응해 주십니다(應). 중생의 다가감(感)과 불보살님의 응해 주심(應)이 서로 통하여 하나가 되는 것이 감응입니다.

저는 감응에 대한 이러한 풀이를 좋아합니다. 주위에 아무도 없어 관세음보살을 외우는데, 어느덧 일이 하나씩 풀리고, 점차 주위에 사람이 보이기 시작합니다. 신앙이라고 하든 신행이라고 하든, 불교 공부에 대한 첫걸음은 이렇게 시작하였습니다. 그 인연으로, 가피라고 한다면 그 가피로 이렇게 부처님 가르침을 사람과 함께하고자 글을 쓰는 일을 하고 있습니다.

저는 교리 공부는 신행의 나침반이라고 봅니다. 관음신앙·관음기도가 부처님 가르침을 바탕으로 진행된다면, 다른 길로 접어들지 않고 바른길로 나아갈 수 있다고 봅니다. 그래서 어느 정도는 다른 글들과 차별점을 주고자 하였습니다. 그런 관점에서 이 글을 봤으면 합니다.

글의 전반부는 관세음보살에 대한 일반적인 주제를 통해 이야기를 진행하였습니다. 중후반부터는 불자들이 자주 보고 외우는 경전을 중심으로 관세음보살의 공덕과 가피를 살펴보았습니다. 즉『법화경』「관세음보살보문품」을 중심으로『천수경』,『반야심경』,『화엄경』,『능엄경』 등에 언급된 관세음보살의 가르침을 담아 보았습니다.

총 33개의 작은 제목으로 담았습니다. 관세음보살의 33응신에 맞춘 숫자입니다. 33개의 글이 33개의 나침반이기를 바라는 마음입니다. 주제넘는 생각이지만, 어느 한 사람이라도 도움이 되었으면 하는 마음입니다. 최소한 고장 난 나침반은 아니길 기원합니다.

이 책을 낼 수 있게 도움을 주거나 함께하신 분이 있습니다.

우선 대한불교천태종 삼광사 사보『삼광』에 저의 글을 연재할 수 있게 기회를 주신 주지 세운스님에게 삼배의 예를 올립니다. 이 책은『삼광』에 연재된 글이 마중물이었습니다.

『삼광』과 인연을 만들어 준 담앤북스 오세룡 대표,『삼광』편집 담당 직원분에게 고마움을 전합니다. 그리고 더운 여름 이 책을 만든다고 수고한 담앤북스 김영미 선생도 잊지 않겠습니다.

그리고 천안 각원사 불교대학 경해학당 또한 큰 인연입니다. 조실 경해법인 큰스님, 주지 대원스님 그리고 각원사 모든 식구에게 고마운 마음에 삼배의 예를 올립니다.

마지막으로 현재 관음기도 중에 있는 성정호거사, 심우근거사, 임채근거사에게 관세음보살의 가피가 함께하기를 기원합니다.

나무 관세음보살
나무 관세음보살
나무 관세음보살

2020년 10월, 불보살님의 가피를 간절히 기원하며
목경찬 두 손 모음

차례

○ 일심으로 명호를 부르다

"관세음보살, 관세음보살, 관세음보살…."

　참회와 발원을 담아 관세음보살의 가피를 구하고자 열심히 관세음보살의 명호를 부른다. 그런데 시간이 지나다 보면 이렇게 들리곤 한다.

　"보살 관세음, 보살 관세음, 보살 관세음…."

　'관세음보살'이든 '보살 관세음'이든 관세음보살을 향한 정성은 다르지 않다. 이와 관련하여 전해 오는 이야기가 있으니.

　한 스님이 암자에서 "관세암보살, 관세암보살" 관음기도를 하고 있었다. 이때 한 객스님이 비웃었다. '관세암보살'이 아니라 '관세음보살'이라고 해야 한다고 하였다. 평생 '관세암보살'이라고 기도하면서 많은 공덕과 가피를 받아 온 스님은, 관세음보살이 바른 명호이기는 하지만 기도는 '관세암보살'로 올려야 한다고 주장하였다. 스님들은 서로 자신이 옳다면서 다투었다. 보다 못한 노스님이 스님들을 진정시키고 다음 날 시시비비를 가려 주겠다고 하였다.

그런데 기도를 드렸던 스님은 다음 날 결정이 걱정스러워 곰곰이 생각한 끝에 노스님께서 좋아하시는 호박범벅을 쑤어 드렸다. 그리고 '관세암보살'이 옳다는 판정을 부탁하였다. 객스님 역시 노스님께 국수를 삶아 올리며 '관세음보살'이 옳다는 판정을 부탁하였다.

다음 날, 두 스님은 서로 자신만만하게 노스님의 판결을 기다렸다. 신도들도 호기심을 가지고 노스님의 판결을 기다렸다. 노스님은 대중들 앞에 말씀하였다.

"호박범벅경에는 관세암보살이 맞고, 국수경에는 관세음보살이 맞느니라."

노스님의 현명한 판단이다. 관세암보살이면 어떻고, 관세음보살이면 어떠하랴. 아마 경상도 사람들이 부르는 소리는 이렇게 들릴 수도 있다. "관세엄보살" 또는 "간세엄보살"로. '어'와 '으' 발음 구분이 잘 되지 않으니 말이다.

그러나 관세음보살은 대자대비한 분이므로 당신 명호를 어떻게 부르든, 구하고자 하는 이가 있으면 반드시 응해 주니, 발음에 대해 염려할 필요는 없지 않을까 한다. 단지 관세음보살 명호를 부르는 그 마음이 중요할 뿐.

"선남자야, 만일 한량없는 백천만억 중생이 여러 가지 고뇌를 받을 때에 이 관세음보살의 공덕을 듣고 일심으로 이름을 부르면, 관세음보살이 즉시 그 음성을 살펴서 모두 벗어나게 한다."

『법화경』「관세음보살보문품」

○ 관세음보살의 다양한 명호

관세음보살에 대한 발음이 다양한 것처럼 관세음보살 명호도 다양하다. 천수관음, 준제관음, 마두관음, 성관음, 십일면관음, 여의륜관음, 불공견삭관음 등 7관음뿐만 아니라 42가지 명호로도 표현한다. 『천수경』에서도 여러 명호가 등장한다. 관세음보살, 천수보살, 여의륜보살, 대륜보살, 관자재보살, 정취보살, 만월보살, 수월보살, 군다리보살, 십일면보살 등이다.

또 관세음보살은 중생과 관련된 특징에 의해 다양한 이름을 가진다. 자비를 위주로 하기에 대비성자大悲聖者, 세상의 고난으로부터 벗어나게 해 주기 때문에 구호고난자救護苦難者 또는 구세대사救世大士, 두려움을 없애 주기 때문에 시무외자施無畏者라고 한다. 또는 관음보살은 원만하여 통하지 않음이 없기 때문에 원통대사圓通大師라고 한다. 이는 『능엄경』의 이근원통耳根圓通에서 유래하였다고도 본다. '중생들의 음성을 살펴 해탈을 얻게 하고, 중생들은 이근耳根이 총명하므로 소리를 통해 그들을 진리의 세계로 이끄는 것을 수행으로 삼기' 때문에 이근원통이라고 한다. 나아가 관음여래라고도 한다.

그런데 널리 불리는 명호는 관세음보살, 관자재보살, 관음보살이다. '세간의 소리를 다 살펴보기'에 관세음보살이라고 하고, '지혜로 살펴봄으로써 자재로운 묘한 결과를 얻은 이' 또는 '살펴봄에 자재하다'는 의미에서 관자재보살이라고 한다. 한편 관음보살이라고 번역한 사연은 재미(?)있다.

옛날에는 백성들이 임금의 이름(휘자諱字)를 쓰거나 말하는 것을 피해야 했다. 아니 임금의 이름자를 사용할 수 없었다. 이를 피휘避諱라고 한다. 어떤 경우에는 태자의 이름도 그 대상이 되었다. 역사 드라마를 보면 조선시대 왕이나 왕자의 이름이 '이산'(정조의 이름)처럼 외자인 것을 알 수 있다. 이는 백성들이 임금의 이름자를 피해서 사용해야 하는데, 한 글자라도 줄여 줄 요량으로 외자로 이름을 지었다고 한다. 태조 이성계의 경우에는 백성들이 성成, 계桂를 사용할 수 없는 것을 고려해 '이단李旦'이라는 이름으로 고쳤는데, '단旦'이라는 글자 또한 잘 사용하지 않는 한자라고 한다. 앞서 언급한 '이산李祘' 역시 잘 사용하지 않는 한자라고. 조선시대 왕의 백성에

▲ 부산 삼광사 지관전 관세음보살

대한 마음을 조금이나마 느낄 수 있는 부분이다.

마찬가지로 경전을 번역할 당시, 중국 당나라 태종의 이름자가 이세민李世民이었다. 따라서 당연히 '세世'나 '민民'은 사용할 수 없었다. 이에 관세음보살이라 번역하지 못하고 관음보살이라고 번역하였다. 물론 이전에도 관음보살이라고 간혹 번역하였지만, 당 태종 때에는 아예 관세음보살이라 하지 못하고 관음보살이라 번역하였다.

그렇다면 관세음보살 또는 관자재보살은 인도의 어떤 말을 번역하였나. 바로 '아바로키테쉬바라'라는 말이다. 이 말이 어떤 단어로 결합되어 있는가에 대한 분석에 따라 풀이가 달라진다. 그래서 '세상의 소리를 살펴본다', '살펴봄에 자재하다'라는 뜻으로 풀이가 가능하여 관세음보살, 관자재보살이라고 번역한다.

'아바로키테쉬바라'를 처음 듣는 말이라고 다들 생각하리라. 그런데 『천수경』을 독송하는 이라면 자신도 모르게 그 말을 읊조리게 된다. 물론 '아바로키테쉬바라'라고 발음하지는 않는다. 바로 신묘장구대다라니 첫 부분에 나온다. "나모라 다나다라 야야" 다음에 나오는 "나막알약 바로기제 새바라야"에서 '약 바로기제 새바라야'가 바로 '아바로키테쉬바라'이다. 인도어(산스크리트)를 발음에 따라 한자로 쓰고 그것을 우리나라에서 예로부터 전해 오는 대로 발음하다 보니 그렇게 되었다. "나막알약 바로기제 새바라야"는 '거룩하신 관세음보살님께 귀의합니다.'라는 뜻이다.

이렇듯 우리는 알고서 관세음보살을 부르기도 하고, 모르고서 관세음보살을 부르기도 한다. 어떤 경우이든 관세음보살은 그것에 응하여 다가오신다. 그 가피는 어떤 경우에는 바로 나타나고 어떤 경우에는 은근하게 스며들듯이 나타난다. 후자를 명훈가피력이라고 한다.

> "(만약 어떤 사람이 62억 갠지스강 모래 수의 보살 이름을 받아 지녀 목숨이 다하도록 음식·의복·침구·의약 등으로 공양하고,) 만약 어떤 사람이 관세음보살의 명호를 받아 가져서 한때라도 예배, 공양하면 이 두 사람의 복이 꼭 같고 다름이 없어서 백천만억 겁에 다함이 없느니라. 무진의여, 관세음보살의 명호를 받아 지니면 이와 같은 무량 무변 복덕의 이익을 얻으리라."

『법화경』「관세음보살보문품」

02
—
지혜와
방편을 갖춘
관세음보살

○천 개의 눈, 천 개의 손

관세음보살을 일컫는 명호 가운데 하나가 천수천안관세음보살이
다. 천 개의 손과 천 개의 눈을 가진 관세음보살이라는 뜻이다. 이
때 천 개의 눈은 세상을 살펴보는 지혜를 말하고, 천 개의 손은 세
상을 다스리는 방편(방법)을 말한다. 그림이나 불상에 실제 천 개의
눈과 천 개의 손을 그리거나 조성하기도 한다. 하지만 천千은 1천이
라는 숫자를 말하는 것이 아니라 많은 수를 나타낸다.

삼귀의 가운데 부처님께 귀의하는 말로써, "귀의불歸依佛 양족존
兩足尊"이라고 한다. 이때 '족足'은 '발'이라기보다는 '갖추다', '구족
하다'의 뜻이다. 즉 양족존이란 두 가지(兩)를 갖추신(足) 분(尊)이

▲ 경주 불국사 천수천안관세음보살

라는 뜻이다. 그렇다면 두 가지는 무엇인가? 지혜와 방편, 또는 지혜와 자비, 또는 지혜와 복덕이다. 한쪽은 지혜고, 다른 한쪽은 중생에게 다가가는 방편, 자비, 복덕이다. 어떤 글을 보면 '발 족'으로 풀이하여 양족존을 '두 발을 갖추신 분'이라고 해석한다. 그러면서 두 발을 '지혜와 방편' 등으로 풀이한다. 그 풀이보다는 '갖출 족'으로 풀이하여 '두 가지를 갖추신 분'으로 해석하는 것이 더 자연스럽다.

　이처럼 불보살님이 중생과 함께하려면 지혜를 바탕으로 방편, 자비, 복덕이 필요하다.

○ 지혜와 복덕

부처님이 복덕이 필요한 이유는 『증일아함경』 「역품1~5」에 잘 드러난다. 눈이 보이지 않는 제자 아나율과 관련된 일화로서 발췌하면 이렇다.

그때 아나율은 옷을 기우려 하였으나 바늘귀에 실을 꿸 수가 없었다. 그는 생각하였다.

'세상에 도를 얻은 아라한이 나를 위해 바늘귀에 실을 꿰어 주지 않겠는가.'

부처님께서 천이天耳로써 들으시고 아나율에게 다가오셨다.

"그 바늘을 가져오라. 내가 꿰어 주겠다."

아나율이 말씀드렸다.

"아까 저는 '세상에서 복을 구하려는 이는 나를 위해 바늘귀에 실을 꿰어 주지 않겠는가.'라고 하였습니다."

부처님께서 말씀하셨다.

"세상에서 복을 구하는 사람으로 나보다 더한 사람은 없다. 나는 여섯 가지 법에 만족하지 못한다. 그 여섯은 보시, 교훈 주기, 인욕, 설법, 중생 보호, 위없는 바른 도를 구함이다. (이를 위해 복이 필요하다.)"

아나율이 말씀드렸다.

"여래께서는 진실한 법의 몸이십니다. 이미 생사의 바다를 건너시고 또 애착을 벗어나셨는데, 지금 또 복의 으뜸이 되기를 구하십니까."

부처님께서 말씀하셨다.

"그렇다. 아나율이여. 만일 중생으로서 죄악의 근본인 신구의身 口意의 행을 참으로 안다면 마침내 삼악취(지옥, 아귀, 축생)에 떨어지지 않을 것이다. 그런데 중생들은 죄악의 근원을 알지 못하기 때문에 삼악취에 떨어진다. (따라서 그러한 중생을 제도하기 위해서는 나에게 복이 필요하다.)"

경전 이해를 돕고자 필자가 ( )에 내용을 첨가하였다. 경전 내용은 '부처님께서 중생을 제도하기 위해서는 복덕이 필요하다.'는 말씀이다. 이때 복이란 바로 중생과 함께할 수 있는 복, 중생을 제도할 수 있는 복이다. 복덕이 없으면 중생과 함께할 수 없다. 우리 주위를 보면 알 수 있는 일이다. 능력은 뛰어나지만 이상하리만치 대중과 함께할 기회가 주어지지 않은 이들이 가끔 있다.

○ 지혜와 자비

위 경전 내용을 보면 부처님의 자비심이 그대로 느껴진다. 사생자부이시고 삼계도사이신 부처님께서 무엇이 더 필요하여 아나율을 위해 바늘귀에 실을 꿰어 주셨는가. 부처님은 복덕을 지어 그 복덕으로 중생을 제도하기 위해서라고 하셨다. 참으로 대자대비하신 부처님이다. 이렇게 부처님의 복덕은 자연스럽게 자비로 이어진다. 즉 앞서 언급한 지혜와 복덕은 바로 지혜와 자비로 연결된다. 따라서 양족존에서 두 가지는 지혜와 복덕이라 하기도 하고, 지혜와 자비라 하기도 한다.

자비는 보통 대자대비라고 표현되듯이, '자慈'와 '비悲'로 나눠지고, 각각 다른 뜻을 가진다. 그러나 자慈라 표현하더라도 그 말 속에 비悲를 포함하기도 한다. 비라 표현하더라도 마찬가지다. 자慈는 사랑이라는 뜻이다. 상대방이 너무도 예뻐 보이고 사랑스러워서 즐거움을 주고자 하는(여락與樂) 의미를 가진다. 비悲는 연민이라는 뜻이다. 상대방이 너무도 가여워서 그들의 괴로움을 뽑아 없애주고자 하는(발고拔苦) 의미를 지닌다. 여락발고與樂拔苦가 자비의 뜻이다.

○ 지혜와 방편

그런데 이 자비란 그냥 오냐오냐하며 잘해 주는 것만을 의미하지 않는다. 따끔하게 야단을 칠 때는 야단을 치는 것도 자비이다. 가령 십일면관세음보살을 보면 자비의 다양한 가르침이 확연하게 드러난다. 십일면관세음보살상은 본 얼굴 위에 11면 또는 10면의 얼굴이 있다. 그중에 성난 모습을 한 얼굴들이 있다. 바로 악한 행동을 하는 중생을 제도하고자 하는 자비심의 표현이다. 성낸 순간에도 보살의 마음은 평온한 상태이다. 오직 그 중생을 위해 방편으로 성내는 모습을 보일 뿐이다. 그런데 우리가 일상생활에서 자식 등 상대방을 위해 야단쳤다고는 하지만, 야단치는 그 마음에 요동이 있었다면 상대방을 위한 자비라고 단정할 수 없다. 그 순간 자신의 욕망도 함께함을 살펴볼 수 있어야 한다.

이처럼 불보살님의 자비가 드러나는 모습도 상황에 따라 달라진다. 즉 중생을 제도할 때는 다양한 방편이 필요하다. 방편이란 방법이다. 중생마다 이해와 요구가 다르니, 하나의 방편으로 모든 중생을 구제할 수는 없다. 마음이 방방 뜨는 사람, 마음이 자꾸 가라앉는 사람, 몸이 아픈 사람, 마음이 아픈 사람 등등 그 중생에게 맞는 방편이 있어야 한다. 그러한 수많은 방편을 천 개의 손으로 나타낸다. "보문시현普門示現"이 그 뜻이다. 관세음보살님은 중생들을 제도하고자 다양한(普) 방편(門)을 나타내 보인다(示現).

이처럼 자연스럽게 복덕은 자비로, 자비는 방편으로 연결된다. 그렇게 관세음보살은 복덕에 의해 자비를 드러낼 수 있고, 그 자비는 방편에 의해 다양한 모습으로 나타난다. 그러한 관세음보살을 『법화경』「관세음보살보문품」에서 다음과 같이 칭송한다.

구족신통력具足神通力 신통력을 갖추시고
광수지방편廣修智方便 지혜 방편을 널리 닦아

시방제국토十方諸國土 시방의 여러 국토 중

무찰불현신無刹不現身 몸을 나투지 않은 곳이 없네.

『법화경』「관세음보살보문품」

03
다양한
모습으로 나투는
관세음보살

○ 관세음보살은 남자인가 여자인가

가끔 이런 질문을 한다. "관세음보살님은 남자예요, 아니면 여자예요?"

불단 위에 나투신 관세음보살을 보면, 전체 모습은 여자인 듯하다. 그런데 자세히 보면 대부분 수염이 있다. 그렇다면 남자일까. 관세음보살은 남자도 아니고 여자도 아니다. 그러나 어떤 경우에는 여자의 모습으로 나투고, 어떤 경우에는 남자의 모습으로도 나툰다. 그 밖에 다양한 모습으로 나툰다. 참고로, 불교에서는 불보살님이 나타남을 '나툰다', '나투신다'라고 표현한다.

이처럼 다양한 모습으로 나투는 관세음보살의 모습을 『법화경』

「관세음보살보문품」에서는 다음과 같이 언급한다. 반복되는 내용은 축약하여 인용한다.

　　무진의보살이 부처님께 여쭈었다.

　　"세존이시여, 관세음보살은 어떻게 이 사바세계에 다니며, 어떻게 중생을 위하여 설법하며, 방편의 힘은 그 일이 어떠합니까?"

　　부처님께서 무진의보살에게 말씀하셨다.

　　"선남자야, 만약 어떤 국토의 중생이 있는데, 부처님의 몸으로써 제도할 이에게는 관세음보살은 곧 부처님의 몸을 나타내어 설법하며, 벽지불의 몸으로써 제도할 이에게는 벽지불의 몸을 나타내어 설법하며, (이하 축약) 성문·범천왕·제석천·자재천·대자재천·천대장군·비사문·소왕·장자·거사·관리·바라문·비구·비구니·우바새·우바이·장자의 부인·거사의 부인·관리의 부인·바라문의 부인·동남·동녀·하늘·용·야차·건달바·아수라·가루라·긴나라·마후라가 등 인비인人非人 등의 몸으로써 제도할 이에게는 곧 모두 그 몸을 나타내어 설법한다. 집금강신으로써 제도할 이에게는 곧 집금강신을 나타내어 설법한다.

　　무진의야, 이 관세음보살은 이러한 공덕을 성취하여 갖가지 형상으로 여러(諸) 국토에 다니며, 중생을 제도하여 해탈케 한다."

『법화경』「관세음보살보문품」

이처럼 관세음보살이 중생 제도를 위해 여러 가지로 나투는 모습을 응신應身이라고 한다. 중생이 원하는 바에 따라서 응應하여 나타나는 몸(신身)이라는 뜻이다.

○ 32응신? 33응신?

그렇다면 경전에서 언급하는 응신은 몇 분인가? 『능엄경』에는 확실하게 32분이라는 숫자가 등장한다. 즉 『능엄경』에서는 32응신으로 여러 국토에 들어가 설법하고, 법을 펴서 중생에게 복을 준다고 언급하고 있다. 한편, 『법화경』 「관세음보살보문품」을 중심으로 하는 관음신앙에서는 보통 33응신이라고 한다. 그런데 그 경전 어디를 보아도 33이라는 숫자는 보이지 않는다. 따라서 33응신이라고 할 때, '부처님, 벽지불 등' 경전에 언급된 모습이 33분이라는 의미로 받아들여진다.

그런데 한 분 한 분 헤아려 보면 33분이 아니라 34분이다. 아마이 글을 읽는 순간, 위 경전에 언급된 '부처님, 벽지불, 성문….'을한 분 한 분 세어 보는 독자가 있을 것이다. 필자는 「관세음보살보문품」을 보다가 응신을 문득 헤아려 보았다. 부처님 한 분, 벽지불두 분…. 그랬더니 34분이었다. 의문이 들기 시작하였다. 왜 34분인데 33이라고 하지?

의문이 있으면 답이 드러나기 시작한다. 선지식들의 답이 하나

하나 들어왔다. 무엇보다 인비인人非人을 어떻게 보는가에 따라 달라진다. 인비인은 글자 그대로 '사람과 사람 아닌 이' 또는 '사람인 듯 사람 아닌'으로 풀이된다.

앞서 언급된 긴나라를 인비인이라고 한다. 긴나라는 인도 신화에서 아름다운 음악과 노래로 즐거움을 주는 신이다. 불교에서는 불법을 수호하는 팔부신장 가운데 하나다. 보통 말의 머리와 사람의 몸을 지닌 모습인데, 때로는 아름다운 선녀 또는 사람의 머리와 새의 몸을 지닌 모습으로 표현된다. 다만 부처님을 만날 때는 사람의 모습으로 나타난다. 이러한 모습과 음악을 연주하는 특징 때문에 긴나라를 인비인, 음악신 등으로 번역한다. 이때 인비인은 '사람인 듯 사람 아닌'의 의미다. 따라서 「관세음보살보문품」에서 인비인을 가루라라고 한다면, 가루라와 인비인은 중복된다. 중복된 응신을 하나로 볼 때 33응신이 된다.

어떤 경우에는 인비인을 '사람'과 '사람 아닌 이'로 구분한다. 이 경우 몇 가지 해석이 가능하다. 위에서 언급한 응신 가운데 '사람'으로 나타난 응신과 '사람 아닌 이'로 나타난 응신으로 구분하여 정리하는 것으로 인비인을 해석한다. 이때 인비인은 별도의 응신이 아니므로 33응신이 된다. 또는 '사람'과 '사람 아닌 이'를 또한 별도의 응신으로 보아 35응신이라 해석한다. 그리고 '인비인 등'에서 '등'을 부각하여 35응신 이상의 응신도 가능하다고 해석한다.

○ 33의 의미

그런데 32응신이면 어떻고, 33응신이면 어떠냐 하는 생각이 들 수도 있다. 물론 그렇게 생각할 수도 있다. 그러나 32응신 또는 33응신을 주장하는 이들 또한 나름대로 의미를 부여한다.

32는 『능엄경』이라는 경전에 32라는 숫자가 언급되어 있고, 또한 32상 80종호라는 부처님의 신체적 특징과 관련되어 익숙한 숫자 개념이다. 부처님의 독특한 신체 가운데 두드러진 32가지 신체 특징을 32상이라 하고 미세한 80가지 신체 특징을 80종호라고 한다.

33은 '3'이라는 숫자의 상징성으로 풀이한다. 예부터 3이라는 숫자는 완전하고 성스러움을 의미한다. 10이라는 숫자도 완전함을 의미한다. 따라서 33(삼십삼)이라는 숫자는 완전하고 성스러움을 의미하는 숫자가 겹친다. 한편 양수가 두 번 겹친 경우를 길수로 여겼다. 설날(1.1), 삼짇날(3.3), 단오(5.5), 칠석(7.7), 중양절(9.9) 등이다. 따라서 양수이면서 길수인 '3'이 겹친 '33(삼십삼)'은 가장 완벽한 수이다. 그런 점에서 33은 모든 형상, 모든 존재를 통칭하는 개념으로 활용된다. 따라서 34분 이상의 응신이라도 33이라는 숫자로 정리한다.

이때 33은 단순하게 33이라는 숫자에 그치지 않는다. 천태대사(538~597)가 설법한 내용을 토대로 제자인 관정대사(561~632)가 편찬한 『관음의소』에서 그 뜻을 헤아릴 수 있다.

▲ 포항 황해사의 휴대폰을 든 동남신

"관세음보살은 '갖가지 형상으로 모든 국토에 다니며'라는 경문 중 '모든(諸)'이라 한 것은 한 나라가 아님을 표현하는 말이다. 즉 가로로는 시방세계에 두루 하고, 세로로는 세 가지 국토를 위에서 아래까지 관통하면서, 근기에 따라 형상을 바꾸어 나타난다. 33가지 모습의 몸에만 그치는 것이 아니다. 교화에 몸을 기탁해 인연 따라 찾아간다. 사바세계만 한정되는 것이 아니다."

『관음의소』

따라서 33응신이라고 하지만, 관세음보살이 중생을 제도하기 위해 나투는 모습은 33가지에 그치지 않고 '천백억화신'처럼 헤아릴 수 없다. 또한 나타나는 모습도 시대와 장소에 따라 다르다. 이런 점에서 골프채를 든 장자, 핸드폰을 든 동남, 노트북을 든 동녀의 모습을 조성한 포항 황해사 관음전은 이 시대에 맞게 나투는 관세음보살을 모셨다고 본다.

04

우리들의
이야기에 나투는
관세음보살

사람들이 믿는 신앙은 경전 내용과 다르게 시대와 장소에 따라 각색되기도 한다. 그것은 경전 말씀이 책 속에 갇힌 말씀이 아니라 사람 사이에 살아있는 말씀이기 때문이다.

경전에 등장하는 관세음보살 역시 마찬가지다. 전해지는 이야기나 현재 일어난 이야기의 등장인물을 관세음보살로 여겨 상황에 맞는 이야기를 전한다. 그러나 그러한 내용이 결코 엉뚱하지 않다. 이야기는 경전 말씀에 바탕을 두고 우리 신행 생활에 맞는 가르침으로 이어진다.

○ 낭자로 나툰 관세음보살

중국 당나라 헌종 때, 어느 마을에 어머니와 함께 아리따운 낭자가 이사를 왔다. 미인일 뿐만 아니라 마음씨 또한 고왔다. 그리고 바느질 솜씨며 음식 솜씨까지 훌륭하였다. 그러하니 동네 총각들은 저마다 그 낭자에게 빠져 모두 상사병이 날 정도였다. 그 숫자가 몇백 명이 되는지 알 수 없었다. 동네 총각들의 부모는 부모대로 며느리로 삼고자 하였으니, 청혼이 쉼 없이 들어왔다. 잘못하면 낭자 때문에 싸움까지 날 지경이었다.

그러나 모든 총각과 혼인할 수는 없었다. 낭자는 자신과 혼인할 의사가 있는 마을 총각들을 모두 마을의 큰 마당으로 모이도록 하였다. 수백 명의 동네 총각들이 모이자 낭자는 말하였다.

"미천한 저를 위해 이렇게 와 주셔서 고맙습니다. 그러나 제가 모든 분과 혼인할 수는 없습니다. 「관세음보살보문품」 한 권을 드리니, 오늘 한나절 동안 외워 오시는 분께 제가 백 년을 의탁할까 합니다."

낭자의 아름다운 모습과 말씨에 넋이 나간 동네 총각들은 불 속이라도 뛰어들어 갈 정도였으니, 경전 읽는 것이야 무슨 대수겠는가. 그러나 그 가운데 경전을 완전하게 외운 사람은 이십 명이었다. 역시 이십 명 모두와 혼인할 수는 없는 일이었다. 다시 「관세음보살보문품」의 두 배 분량이 되는 『금강경』을 하룻밤 동안 외워 오게 하였다. 다음날 열 명의 청년이 『금강경』을 외워 왔다. 참으로 대단한 일이다. 그러나 역시 열 명 모두와 혼인할 수 없는 일이었다. 이번에는 『법화경』 일곱 권을 사흘 동안 외우게 하였다. 드디어 마랑이라는 총각만이 『법화경』을 완전하게 외워 왔다.

낭자와 마랑의 혼인 준비로 마을 전체가 잔치 분위기였다. 그런데 혼례식 당일 식을 앞두고 낭자가 갑자기 복통을 호소하며 쓰러졌다. 잠시 쉬었다가 혼례를 진행하기로 하고, 낭자는 별실로 들었다. 잠시 후 낭자만 있는 별실에서 풍악 소리와 함께 염불 소리가 들려왔다. 이상히 여겨 들어가 보니, 낭자는 이미 숨을 거둔 뒤였다. 잔치 준비는 곧 장례 준비로 바뀌었다. 그리고 마을 동산에 낭자의 무덤을 조성하였다.

며칠이 지난 뒤, 노스님이 마랑 집을 찾아왔다. 노스님은 낭자에 관해 물어보며, 낭자를 위해 염불을 하고자 하니, 무덤을 안내해 달라고 부탁하였다. 스님은 무덤에 이르자 염불을 시작하였다. 그 순간 무덤 한가운데에서 무지개 광명이 솟아났다. 스님은 마랑에게 무덤을 파 보라고 하였다. 마랑과 마을 사람 역시 기이한 일이라 무덤을 팠다. 그런데 그 속에는 낭자의 시체는 보이지 않고 황금으로 된 뼈만이 광명을 내고 있었다. 사람들은 놀라지 않을 수 없었다. 이때 노스님은 말하였다.

"여러분! 놀라지 마십시오. 그 낭자는 바로 관세음보살입니다. 여러분의 업장을 끊고 불법의 인연으로 인도하고자 미인으로 나타나신 것입니다. 그리고 그녀의 어머니는 보현보살이요, 저는 문수

▲ 천안 각원사 보덕낭자

보살입니다. 이렇게 불법을 만난 인연으로 앞으로 많은 공덕을 짓기 바랍니다."

스님이 짚고 다니던 석장錫杖을 던지자 사자로 변하였다. 스님은 사자를 타고 공중으로 사라졌다.

그 뒤 마랑은 불법의 인연에 따라 집을 고쳐서 절을 짓고, 본인 또한 출가자의 길을 걷게 되었다.

『불조통기』(제41권)에 있는 내용을 토대로 각색한 이야기다. 낭자로 나타난 관세음보살을 마랑의 부인이라고 하여 마랑부관세음보살이라고 한다. 혹은 '보덕각시' 또는 '보덕낭자'라고도 이름한다. 33응신 가운데 부녀신婦女身으로 나타난 관세음보살이다. 관세음보살이 마을 사람들에게 불심을 심어 주고자 아름다운 여자의 모습으로 나타나서 미인계를 썼던 것이다. 대단한 미인계였다. 비록 동네 총각 몇 명을 제외하고는 경전을 외우지 못했지만, 총각들의 경 외우는 소리로 온 마을을 장엄했으니. 더구나 마지막 반전을 통해 마을 사람들에게 불심을 심어 주었으니 말이다.

○ 33관음보살

이처럼 마랑부관세음보살 등 우리 이야기에 등장하는 중요한 분을 모아서 또한 33관음보살이라 한다. 이러한 33관음보살의 명칭과 형상을 최초로 나타낸 책은 『불상도휘』(1783년 일본 간행)다. 33관음보살은 경전 밖 우리 이야기지만, 마랑부관세음보살이 부녀신으로 나타나 중생을 제도하는 것처럼 33관음보살을 『법화경』 「관세음보살보문품」 등의 내용과 연결 짓는다. 예를 들면 다음과 같다.

양류관음은 자비의 화신으로 애욕을 없애 주고, 용두관음은 천, 용, 야차 등을 제도하고, 지경관음은 성문의 몸으로 제도하고, 원광관음은 빛이나 불을 나타내어 중생을 제도하고, 유희관음은 금강산처럼 높은 곳에서 떨어지더라도 상하지 않게 구원한다. 백의관음은 비구, 비구니의 몸으로 제도하고, 연화관음은 소왕의 몸으로 제도하고, 농견관음은 불에 떨어져도 불구덩이가 연못으로 변하게 하고, 시약관음은 허공에 해가 떠 있듯이 자비로 항상 우리를 보살펴 몸과 마음의 병을 제거하고, 어람관음은 바다에서 악귀나 나찰을 만났을 때 우리를 보살펴 준다. 덕왕관음은 범왕의 몸으로, 수월관음은 벽지불의 몸으로, 일엽관음은 재관의 몸으로, 청경관음은 부처님의 몸으로, 위덕관음은 천대장군의 몸으로, 중보관음은 장자의 몸으로 제도한다. 암호관음은 독한 벌레나 뱀으로부터, 연명관음은 저주와 주문으로부터, 능정관음은 배가 표류하였을 때, 아뇩관음은 독용과 잡귀신들로부터 구원해 준다. 아마제관음은 비사문의 몸으로, 엽의관음은 제석천의 몸으로, 유리관음은 자재천의 몸으로 제도한다. 다라존관음은 원수들의 둘러싸임에서 보호해 주고, 합리관음은 보살의 몸으로, 육시관음은 거사의 몸으로, 보비관음은 대자재천의 몸으로, 마랑부관음은 부녀의 몸으로, 합장관음은 바라문의 몸으로 제도한다. 일여관음은 무서운 우박과 큰비의 어려움에서 보호해 주고, 불이관음은 집금강신의 몸으로, 지련관음은 동남동녀의 몸으로 제도하고, 쇄수관음은 물에 떠내려갈 때 구원해 준다.

33관음보살 중에는 인도 기원의 관음보살이 가장 많고, 중국의 관음신앙, 한국의 관음신앙, 일본의 관음신앙 등에서도 등장한다. 가령 앞서 언급한 중국의 보덕낭자 이야기는 자연스럽게 우리나라 금강산 보덕암 이야기로 연결된다. 산천을 떠돌며 수행하던 마랑이 금강산에 이르러 수행하다 죽고, 신라 땅에 다시 태어나 스님이 되어 이런저런 인연으로 보덕암을 지었다는 이야기로 말이다.

육관음, 육도중생을 구제하는 여섯 분의 관음보살

○ 부처님 뵙기 힘든 팔난 중생

부처님을 뵙거나 부처님 가르침을 듣거나 도를 얻고자 하는 마음을 내기 어려운 여덟 가지 경우가 있다. 이를 팔난八難이라고 한다. 우선 지옥, 아귀, 축생 등 세 경우다. 이들은 고통이 심해 부처님을 뵙거나 부처님 가르침을 듣고자 하는 마음을 일으키기 힘들다. 넷째는 목숨이 긴 하늘 중생(장수천)이다. 하늘 중생들은 수명이 길고 편안하여 굳이 도를 구하고자 하는 마음을 내지 않는다. 다섯째는 북구로주에 사는 경우다. 경전에 의하면, 세상은 수미산을 중심으로 여덟 개 바다와 여덟 개의 산이 나이테 모양으로 둘러싸고 있는데, 마지막 바다에 동남서북 각각 하나의 대륙이 있다. 우리가 사는 대륙이 남섬부주라고 한다면 북쪽에 있는 대륙이 북구로주다. 이 북구로주가 네 대륙 가운데 가장 수명도 길고 살기 좋은 곳이다. 따라서 북구로주에 사는 중생들은 그 생활에 빠져 수행하고자 하는 마음을 내기 어렵다. 여섯째는 눈이 멀고 귀가 먹고 말을 못하고 알아듣지 못하기 때문에 부처님을 뵙거나 가르침을 듣기 힘든 경우다. 일곱째는 세속의 지식이 너무 많은 경우다. 아는 것이 너무 많아 그릇된 견해에 빠져 바른 가르침을 받아들이려고 하지 않는다. 여덟째는 부처님이 계시지 않을 때다.

이렇듯 어떤 중생은 괴로워서, 어떤 중생은 그 삶에 취해서, 어떤 중생은 장애가 있어서, 어떤 중생은 너무 잘나서, 어떤 중생은 부처님이 계시지 않아서 부처님과 부처님 가르침을 만나기 어렵다고 한다. 그런데 생각해 보면, 주어진 환경에 빠져서 만나기 어렵지 결코 만날 수 없지는 않다. 부처님을 보통 삼계도사三界導師라고 한다. 삼계는 욕계, 색계, 무색계다. 욕계에는 지옥, 아귀, 축생, 아수라, 인간, 하늘天이 있다. 색계와 무색계는 하늘이다. 따라서 부처님은 지옥, 아귀, 축생, 아수라, 인간, 하늘 등 육도六道중생의 스승이다. 그렇다면 지옥, 아귀, 축생 등의 중생이 부처님과 부처님 가르침을 만나기 어렵지, 결코 만날 수 없지는 않다. 결코 만날 수 없다면 부처님을 그들의 스승이라 할 수 없기 때문이다.

지장보살 또한 육도중생을 모두 제도하겠다는 원을 세우지 않았는가. 어찌 지장보살뿐이겠는가. 모든 불보살님은 그런 원을 세웠다. 불보살님의 공통된 서원인 사홍서원 가운데 "중생을 다 건지오리라."라는 서원이 있지 않은가. 어찌 한 중생이라도 빠뜨리겠는가. 관세음보살 역시 마찬가지다.

○ 육도중생 구제하는 여섯 분의 관세음보살

"여섯 글자는 곧 여섯 관세음이니, 육도의 세 가지 장애를 부순다. 이른바 대비관세음은 지옥도의 세 가지 장애를 부순다. 이 지옥도는 괴로움이 무거우니 마땅히 큰 연민(대비大悲)을 베푼다. 대자관세음은 아귀도의 세 가지 장애를 부순다. 이 아귀도는 배고프고 목마르니 마땅히 큰 사랑(대자大慈)을 베푼다. 사자무외관세음은 축생도의 세 가지 장애를 부순다. 짐승왕의 위세가 용맹하니 마땅히 두려움을 없게(무외無畏) 한다. 대광보조관세음은 아수라의 세 가지 장애를 부순다. 이 아수라도는 시기·질투·의심에 치우쳐 있으니 마땅히 (광명을) 널리 비춘다(보조普照). 천인장부관세음은 인간도의 세 가지 장애를 부순다. 인간도에는 현상(사事)과 본질(이理)이 있다. 현상에서 교만을 항복시키므로 천인天人이라 하고, 본질에서 불성을 봄으로 장부丈夫라 한다. 대범심원관세음은 하늘도의 세 가지 장애를 부순다. 범梵은 하늘의 주인임을 나타낸다. 주인에게는 하인이 있다."

수나라 천태지자 대사(538~597)가 설한 『마하지관』에 언급된 내용이다. 여기에서 여섯 분의 관음, 육관음이 등장한다. 여섯 분의 관음보살은 각각 육도중생을 제도하기 위해 그 특색을 나타낸다. 대비관세음은 지옥, 대자관세음은 아귀, 사자무외관세음은 축생, 대광보조관세음은 아수라, 천인장부관세음은 인간, 대범심원관세음은 하늘의 장애를 없애고 그들을 제도한다. 따라서 팔난은 처한 현실에 빠진 중생들의 모습일 뿐, 관세음보살은 각각 그 중생들의 상황에 맞춰 자비를 베푼다.

그런데 『마하지관』에 등장하는 육관음은 이후 밀교에 등장하는 여섯 분의 관세음으로 바뀐다. 그 변화는 몇 차례 걸쳐서 일어난다. 위에 언급된 육관음은 그 순서대로 정관음, 대세지관음, 다라관음, 비구지관음, 백처존관음, 마두관음으로 바뀐다. 그리고 또다시 천수관음, 정관음, 마두관음, 십일면관음, 준지관음, 여의륜관음으로 바뀐다. 그 변화 과정을 거쳐 마침내 성관음, 천수관음, 마두관음, 십일면관음, 불공견삭관음, 여의륜관음으로 정리된다. 또는 불공견삭관음 대신 준지관음을 포함시킨다. 그리고 불공견삭관음과 준지관음을 모두 포함하여 칠관음이라고도 한다.

○ 육관음의 특색

변화 과정에서 육관음 또는 칠관음의 특색을 설명하는 데도 약간의 차이가 있다. 그리고 현재 법당마다 조성한 육관음의 모습 또한 조금씩 차이가 난다. 간단하게 정리해 보면 이렇다.

성관음보살은 육관음의 중심보살이다. 우리가 일반적으로 일컫는 관세음이 바로 성관음보살이다. 하얀 몸에 오른손으로 연꽃을 가슴에 대고 있다. 천수관음보살은 천 개의 손과 천 개의 눈으로 중생을 제도하는 보살이다. 성관음은 지옥, 천수관음은 아귀를 제도한다고 하거나, 반대로 성관음은 아귀, 천수관음은 지옥을 제도한다고 한다.

마두관음보살은 3면(혹은 4면)의 얼굴에 자비의 방편으로 분노의 모습을 한다. 머리 위에는 말머리상이 있다. 힘차게 달리는 말과 같이 중생 제도를 위한 큰 위신력과 정진력을 나타낸다. 축생을 제도하는 보살이다.

십일면관음보살은 본 얼굴을 포함하여(또는 제외하고) 열한 개의 얼굴을 지닌다. 그 가운데 정상부 한 얼굴은 아미타불의 모습을 지닌다. 아수라를 제도하는 보살이다.

불공견삭관음은 일면사비(1개의 얼굴과 4개의 팔), 삼면사비, 삼면육비, 십면팔비, 십일면삼십이비 등의 다양한 모습에 견삭(올가미, 고대 인도의 무기, 수렵 기구)을 지니고 있다. 준지관음보살은 준제관음이라고 한다. 준지는 청정을 뜻하는 말이다. 인간을 제도하

▲ 포항 황해사 여의륜관음

는 보살이다.

여의륜관음은 한 손에는 여의보주를, 다른 한 손에는 법륜을 들고 있다. 여의보주의 삼매 속에 머물러 법의 수레바퀴를 굴림으로써 중생을 교화하고 힘을 주며 지혜를 베푼다. 천신을 제도하는 보살이다.

이처럼 육관음이 각각 육도중생을 제도하지만, 그렇다고 각각 해당하는 중생만 제도하는 것은 아니다. 성관음이 지옥, 천수관음이 아귀 또는 반대로 성관음이 아귀, 천수관음이 지옥을 제도한다고 하고, 여의륜관음 등은 육도중생을 제도한다는 이야기도 있다. 육관음과 육도를 연결시킨 것은 삼계 육도 어느 중생도 빠뜨리지 않고 제도하겠다는 관세음보살의 서원을 분명하게 나타내고자 함이다. 불보살님의 자비와 지혜광명이 비추지 않는 곳이 어디 있겠는가. 지금 이 순간, 힘들거나 즐거움에 빠진 삶일지라도 하늘 한번 바라보는 여유로 관세음보살을 불러 봄이 어떻겠는가.

06
관세음보살이 머무는 곳, 보타락가산

"… 선남자여, 여기서 남쪽으로 가면 보타락가산이 있고, 그
곳에 보살이 계시니 이름이 관자재보살이다. 그대는 그 보살에
게 가서 보살이 어떻게 보살의 행을 배우고 보살의 행을 닦느냐
고 물으라."

그리고 게송으로 말하였다.

바다 위에 산이 있고 성인 많으니
보배로 이루어져 매우 깨끗해
꽃과 과실나무들이 우거져 섰고
샘과 못과 시냇물이 갖추어 있네.

용맹하고 장부이신 관자재보살

중생을 이익고자 거기 계시니

그대는 가서 모든 공덕 물어보아라.

그대에게 큰 방편을 일러 주리라.

『40화엄경』 제16권

○ 보타락가산과 관음도량

『화엄경』「입법계품」에서, 선재동자가 여러 선지식(스승)을 찾아가
는 과정 중 비슬지라거사로부터 관음보살(관자재보살)이 있는 곳을
안내받는 내용이다. 이 내용에 의하면, 관음보살은 바다 위에 있는
보타락가산에 머물고 있다. 보타락가Potalaka는 보타락, 보타라 등으
로 음역된다. 그리고 소화수小花樹, 소백화小白花, 해도海島, 광명光明
등으로 번역된다.

따라서 보타, 낙가, 백화 등의 말이 들어가면 관음신앙과 연결된
다. 즉 보타사, 낙가사, 낙산사 등은 절 이름만 보더라도 관음도량임
을 짐작할 수 있다. 산 이름 역시 그렇게 생각할 수 있다. 이러한 관
점에서 충남 태안 백화산 기슭에 있는 마애삼존불의 명호를 추정
할 수 있다.

태안마애삼존불은 다른 삼존불과 다른 특징을 가지고 있다. 삼
존불은 보통 부처님을 중심으로 좌우로 부처님 또는 보살이 있다.

그런데 태안마애삼존불은 보살을 중심으로 좌우로 두 분의 부처님이 있다. 왼쪽에 있는 부처님은 약합 같은 것을 들고 있다. 따라서 대부분 이분을 약사여래로 본다. 그리고 오른쪽 부처님을 석가모니부처님으로, 중앙의 보살을 관세음보살로 본다. 그러나 약합을 들고 있기 때문에 약사여래로 보는 것은 가능하다고 할 수 있으나, 석가모니부처님이나 관세음보살로 보는 근거는 명확하지 않다.

그런데 『법화경』 「관세음보살보문품」을 근거로 중앙은 관세음보살, 좌우는 석가모니와 다보여래라고 하는 견해가 있다. 「관세음보살보문품」을 보면, 무진의보살이 관세음보살에게 보배영락을 준다. 관세음보살은 그 보배영락을 둘로 나누어 반은 석가모니부처님께 드리고 반은 다보불탑에 올린다. 태안마애삼존불 가운데 중앙 보살의 손을 보면 무엇인가를 들고 있다. 따라서 태안마애삼존불은 바로 관세음보살이 보배영락을 반으로 나누어 왼쪽에 계신 석가모니부처님에 드리고 반은 아직 다보불탑에 올리지 않고 자신이 가지고 있는 장면으로 볼 수 있다. 오른쪽의 부처님은 다보불탑을 부처님으로 나타낸 것이라고 해석한다.

태안마애삼존불이 있는 곳이 백화산인 점을 고려할 때, 『법화경』 「관세음보살보문품」을 근거로 한 해석이 탁월하지 않은가 한다. 백화산은 바로 관음보살이 있는 곳, 보타락가산이기 때문이다. 한편 의상대사(625~702)가 쓰신 『백화도량발원문』 역시 제목에서 관음신앙과 연결됨을 알 수 있다. 내용은 300자 미만의 짧은 글로 관음신앙을 간결하게 서술한 발원문이다.

ㅇ 바다에 위치한 보타락가산

다시 관음보살이 머무는 보타락가산에 대해 이야기해 보자. 경전에 의하면 보타락가산은 바다 위에 있다고 한다. 그런데 인도 사람들은 보타락가산을 단지 경전에만 언급되어 있는 곳으로 보지 않고 실제 남인도 바다에 있다고 하였다. 인도를 다녀온 당나라 현장스님(602~664)의 『대당서역기』제10권에는 보타락가산의 위치 및 그에 대한 상세한 설명이 있다.

> "말라구타국의 남쪽 바닷가에 말라야산이 있다. … 말라야산 동쪽에 포달락가산이 있다. 산길은 위험하고 바위 계곡은 가파르다. 산꼭대기에는 연못이 있다. 그 물은 거울처럼 맑으며, 흘러내려 큰 강을 이룬다. 그 강은 산을 감싸고 흘러내려 20바퀴 돌아 남해로 들어간다. 연못 옆에 돌로 된 하늘 궁전이 있다. 관자재보살이 오가며 머무는 곳이다. 보살을 보고자 하는 사람은 목숨을 돌보지 않고 물을 건너고 산을 오른다. 그 어려움을 무릅쓰고 도달하는 자는 매우 드물다. 그런데 산 아래 사는 사람이 뵙고자 청하여 지극한 마음으로 기도드리면, 혹은 자재천의 모습으로, 혹은 몸에 재를 바른 외도의 모습으로 나타나서 그 사람

을 위로하며 그 소원을 들어준다.

　이 산에서 동북쪽으로 가면 바닷가에 성이 있다. 남해의 승가라국(현재의 스리랑카)로 가는 길이다. 그 지방 사람들의 말을 들으면, 여기서 바다로 들어가 동남쪽으로 3천여 리 정도 가면 승가라국에 이른다고 한다.”

『대당서역기』 제10권

　이 글을 통해 보타락가산은 현재 스리랑카와 가까운 인도의 남동부, 마두라이 지방 바닷가 어딘가에 위치한다고 추정할 수 있다. 그런데 경전상에 등장하는 보타락가산이 실제 그곳이라고 받아들이기는 쉽지 않다. 그렇지만 『대당서역기』 내용을 볼 때, 그 당시 인도인은 그곳이 관음보살이 계신 곳이라고 여겼다는 점은 부정할 수 없다. 사실로 여겼든, 믿음에 의해서였든 말이다.

　경전이나 인도인이 전하는 말에 의하면, 보타락가산의 위치에 공통점이 있다. 보타락가산을 해도산海島山이라고 번역하였듯이, 바로 보타락가산이 바다, 또는 물 가까이에 위치한다는 점이다. 이는 불교가 중국, 한국, 일본, 티베트로 전해지면서 각 나라에서 관음보살이 머무는 곳을 정하는 데 하나의 기준이 되었다. 중국은 중국 절강성 영파의 주산열도舟山列島 보타락가산에, 일본은 와카야마현 나치산那智山 세이간토지靑岸渡寺에 관음보살이 머문다. 티베트는 라사강 유역에 있는 티베트의 중심 도시 라사에 포탈라궁을 지었다. 라

▲ 양양 낙산사 홍련암

사강을 바다로 간주하고 보타락가산에 해당하는 포탈라궁에 관음보살이 머무는데, 달라이 라마를 바로 관음보살의 화신으로 본다. 우리나라는 3대 관음도량이 전부 바다를 끼고 있다. 동해에 있는 양양 낙산사 홍련암, 서해에 있는 강화도 보문사, 남해에 있는 남해 보리암 등이다. 여수 향일암을 포함하여 4대 관음도량이라 하기도 한다.

그런데 정토경전에 의하면, 관세음보살은 서방극락세계 아미타 부처님과 함께 있다.

"… 보살들 가운데 가장 존귀한 보살이 있는데, 뛰어나고 불가사의한 광명은 두루 삼천대천세계를 비춘다.”…

“한 분은 관세음이라 하고, 또 한 분은 대세지라 한다. 이 두
보살은 일찍이 사바세계에서 보살행을 닦다가 수명이 다하자
홀연히 몸을 바꾸어, 저 극락세계에 태어났다.”

『무량수경』

물론 극락에 있는 보살들이 꼭 극락에만 머무는 것은 아니다. 다
른 세계의 중생을 제도하기 위하여 여러 곳에 모습을 나툰다. 삼천
대천세계에 광명을 비추듯이 관음보살은 시방세계 헤아릴 수 없는
세상에 나타나 중생을 제도한다. 따라서 보타락가산은 인도 땅 동
남쪽이나, 중국의 주산열도나, 일본의 나치산이나, 우리나라의 4대
관음도량만이 아니다. 관음보살이 함께하는 모든 산천, 모든 도량
이 보타락가산이다. 지극정성으로 관음보살을 부를 때 내 마음 또
한 관음보살이 머무는 보타락가산이다.

07
—
서방극락
세계와
관세음보살

○ 나무아미타불 관세음보살

불교신자든 아니든 우리나라 사람들이라면 대부분 '나무아미타불 관세음보살'이라는 말을 알고 있다.

'나무'라는 말은 '나모'라고도 읽는다. 가령 『천수경』「신묘장구대다라니」 가운데 '나모라 다나다라 야야…'의 '나모'처럼 말이다. 이는 인도어(산스크리트)로 '예경하다'는 의미가 있다. 나무는 '나무아미타불'처럼 보통 예경의 대상(아미타불)과 더불어 쓰고 있다. 즉, 예경의 대상에 대한 귀의(돌아가 의지한다), 신앙(믿고 우러러 받들다)의 뜻을 나타낸다. 따라서 '나무아미타불 관세음보살'은 '아미타불과 관세음보살에게 귀의합니다.'라는 뜻이다.

이 염불이 우리나라에서 언제쯤 대중 속에 파고들었는지 명백한 근거는 아직 없다. 원효스님이 퍼지게 하였다고 추정하지만 확실하지 않다. 원효스님과 관련된 글에서 나름 그럴 만한 정황은 잡히는데 '나무아미타불 관세음보살'라는 명구는 나타나지 않기 때문이다. 인도 마명보살이 쓴『대승기신론』에 대해 원효스님이 설명을 덧붙였는데, 그『대승기신론』에 '아미타불'을 생각하는 공덕이 나온다. 그리고 원효스님이 저잣거리에서 무애박을 두드리며 대중을 교화하였는데, 이로 인해 대중 모두 염불 한 마디는 할 줄 알게 되었다는 이야기가『삼국유사』에 전해진다.

시작이 어떻게 되었든 우리는 자연스럽게 '나무아미타불 관세음보살'을 읊조린다. 아미타부처님은 서방정토의 교주다. 이 땅의 중생들이 생을 마칠 때 그들을 극락으로 인도하거나 혹은 극락에 왕생한 이들에게 자비를 베푸는 분이다. 그리고 관세음보살은 현세 중생에게 자비를 베풀 뿐만 아니라 서방정토에서 아미타부처님을 보좌하며 내세 중생을 극락으로 인도하거나 극락왕생한 중생에게 자비를 베푼다.

정토경전의 하나인『관무량수경』에는 극락세계를 살펴보는 수행법을 언급한다. 그 수행법에는 서방극락세계에 계신 아미타부처님과 관세음보살과 대세지보살을 언급한다.

"… 저 아미타부처님을 생각하고자 하는 사람은 먼저 부처님 형상(像)을 생각해야 한다. 눈을 뜨거나 감거나, 한결같은 마음으로 염부단의 금색과 같이 찬란한 부처님 형상이 저 연꽃 위에 앉아 있는 모습을 관해야 한다. …

　이와 같이 보고서 부처님의 왼편에 있는 커다란 연꽃 한 송이를 생각하라. 그것은 앞의 연꽃과 같아서 조금도 다르지 않다. 또 부처님의 오른쪽에 있는 커다란 연꽃 한 송이를 생각하라.

　왼쪽 연꽃 좌대에 자리한 관세음보살 형상을 생각하라. 역시 금빛을 발하는데 부처님의 금빛 광명과 다르지 않다. 오른쪽 연꽃 좌대에 자리한 대세지보살 형상을 생각하라.

　이 생각을 이룰 때, 불보살님의 형상은 모두 묘한 광명을 나타내리라."

『관무량수경』

　신심 깊은 이들은 이러한 생각만으로도 깊은 감동을 하리라. 물론 이러한 감동을 극대화시키기 위해 사찰에서는 그림 등으로 신심과 감동을 이끌어 낸다. 여하튼 서방극락세계에는 아미타부처님을 중심으로 왼쪽에 관세음보살, 오른쪽에 대세지보살이 자리한다. 이 분들은 극락세계에 계시면서 정토와 예토(사바세계)를 넘나들며 중생들에게 자비를 베푼다. 특히 예토에 있는 중생들이 목숨이 다할 때 그들을 극락으로 인도한다. 그런데 그 장면은 중생들마다 다르게 일어난다.

○ 불보살 명호로 극락가기

죽기 전에 나무아미타불을 염念하면 극락에 태어난다는 말이 있다. 그것은 정토경전에 근거한다. 앞에서 언급한 『대승기신론』에서도 그 경전의 말씀을 인용한다.

> "마땅히 알아야 한다. 여래께서는 뛰어난 방편이 있어 신심을 보호한다. 이른바 마음을 오로지하여 부처님을 생각한 인연으로 원願에 따라 타방의 불국토에 태어나 항상 부처님을 친히 뵙고 영원히 악도를 떠난다. 가령 경전에서 말씀하셨다. '만약 어떤 사람이 서방극락세계의 아미타불을 오로지 생각하고 닦은 선근으로 회향하여 저 세계에 태어나기를 원한다면 곧 왕생하여 항상 부처님을 뵙기 때문에 끝내 물러남이 없다.' 만약 그 부처님의 진여법신을 관하여 항상 부지런히 닦으면 끝내 왕생하여 정정취에 머물기 때문이다."
>
> 『대승기신론』

그런데 출가하여 깊이 수행한 분이나, 죽기 전에 '나무아미타불' 염불한 이나 똑같은 모습으로 극락에 가지는 않는다. 『무량수경』, 『관무량수경』 등에는 그 다른 모습을 설명한다. 극락에 왕생하는 이를 상중하로 나눈다. 상중하를 다시 상중하로 나눈다. 그래서 총 아홉 부류로 나눈다. 즉 상품상생, 상품중생, 상품하생, 중품상생,

중품중생, 중품하생, 하품상생, 하품중생, 하품하생이다. 『무량수경』에 설명한 내용을 살펴보면 이렇다.

　상품(또는 상배자)은 욕심을 버리고 출가하여 사문이 되고, 보리심(깨닫고자 하는 마음)을 일으켜 오로지 한결같은 마음으로 아미타부처님을 생각(염念)하며 갖가지 선근 공덕을 쌓아 극락세계에 태어나고자 원을 세운 이들이다. 이들이 임종할 때 아미타부처님이 관세음보살·대세지보살 등과 함께 그 사람 앞에 나타난다.

　중품(또는 중배자)은 비록 출가한 사문이 되어 큰 공덕을 닦지는 못하더라도 마땅히 위없는 보리심을 내어 오로지 한결같은 마음으로 아미타부처님을 생각하며 다소의 착한 일도 하고 계율을 받들어 지키며, 탑을 세우고 불상을 조성하고, 스님에게 공양하고 부처님 앞에 비단 일산을 바치고 등불을 밝혀 꽃을 뿌리고 향을 사르며, 이러한 공덕을 회향하여 극락세계에 태어나고자 원을 세운 이들이다. 이들이 임종할 때 아미타부처님의 화신化身이 여러 권속과 함께 나타난다. 화신은 진신眞身이 아니라 진신이 나타낸 모습이다. 그러나 화신은 진신의 상호·광명과 다르지 않다.

　하품(또는 하배자)은 여러 공덕을 쌓지는 못하더라도, 가령 위없는 보리심을 발하여 생각을 오로지하여 다만 열 번이라도(내지십념 乃至十念) 아미타부처님을 생각하고 극락세계에 태어나고자 원을 세운 이들이다. 만일 이 사람이 심오한 법문을 듣고 깊은 환희심으로

▲ 아미타부처님을 보좌하는 관세음보살

믿고 의지하여 의혹을 일으키지 않으며 다만 한 번이라도(내지일념
乃至一念) 아미타부처님을 생각하고 지극한 마음으로 극락세계에 태
어나고자 원을 세우면, 이 사람은 임종할 때 꿈결에 아미타부처님
을 뵙고 극락세계에 왕생한다.

『관무량수경』에서는 하품자에게 나투신 관세음보살과 대세지보
살의 모습을 좀 더 자세히 설명한다.

> "… 그때 아미타부처님께서는 화신불, 화신 관세음보살, 화신
> 대세지보살을 이 사람 앞에 보내신다. 그리고 이렇게 칭찬한다.
> '착하다. 선남자여. 그대는 부처님의 이름을 부른 공덕으로 여러
> 가지 죄가 소멸되어 내가 그대를 맞이하려 왔노라.' 이 말씀이
> 끝나자 이 사람은 화신불의 광명이 그 방 안에 가득한 것을 보
> 고 기쁨에 넘쳐 이내 목숨을 마친다."
>
> 『관무량수경』

진신眞身이든, 화신化身이든, 꿈결이든 아미타부처님이 관세음보
살과 대세지보살 등 여러 불보살님과 함께 나투신다면, 가는 이의
마음은 참으로 편안하리라. 그런데 생각해보면, 꿈결 또한 자신이
스스로 불보살님을 불렀기 때문에 불보살님께서 응답해주신 것이
다. 자신이 가니(감感) 불보살님이 응해 주신(응應) 것이다. 감응이
고, 가피다. 가지 않았는데 어떻게 응해 주시겠는가.

08
—
관세음보살과
아미타불의
인연

서방극락정토에는 아미타부처님을 중심으로 좌우로 관세음보살과 대세지보살이 자리하고 있다. 불교에서는 모든 것이 인연으로 연결된다고 하는데, 이 세 분 또한 인연이 있지 않을까. 이제 세 분의 인연 이야기를 살펴보자.

그 인연 이야기는『관세음보살왕생정토본연경』(속장경 제87권)에 언급된다. 경전 이름을 풀이하면 '관세음보살이 정토에 왕생하게 된 전생 인연'쯤 되겠다. 다음은 관세음보살이 영축산 석가모니 부처님 앞에서 여러 대중에게 전해 주는 이야기다.

과거 먼 옛날 남인도에 마열타질이라는 나라가 있었다. 그 나라에는 장나 장자와 마나사라 부인이 살고 있었다. 그 부부는 풍요로운 생활을 하였지만 아직 자식이 없었다. 부부는 항상 한탄하였다.

"우리가 비록 재산은 풍족하고 또한 다른 생각은 없지만, 아직 자식이 없으니 이것이 한으로 남겠구나."

부부는 천신에게 간절히 기도하였다. 그리하여 부인은 임신을 하고 달이 차서 비교할 수 없는 단정한 아들을 낳았다. 그리고 그 아이가 세 살 될 무렵 또 아들을 낳았다. 부부는 기뻐하며 관상가를 불러 두 아이를 보게 하였다. 관상가는 두 아이를 보고서 오랜 침묵 끝에 말하였다.

"이 두 아이는 비록 단정하지만 오래지 않아 부모와 이별합니다. 형은 조리早離라 이름하고, 동생은 속리速離라 이름하세요."

비록 이러한 말을 들었지만 부부는 서로 사랑하며 아이들을 잘 키우며 지냈다. 조리가 일곱 살이 되었을 때 마나사라 부인은 병이 들었다. 차도는 없고 곧 죽음에 이르자 두 아들에게 말하였다.

"세상 일이 그러하다. 생겨난 것은 사라진다. 흐르는 물이 결코 오래 머물지 않는 것과 같다. 도道에 이르는 것에는 보리심을 내는 것보다 뛰어난 것은 없다. 보리심은 대비大悲다. 네 가지 은혜를 갚으려고 하거든 모름지기 발심하여라. 지금처럼 울지 마라. 나는 비록 죽지만 아버지는 함께하신다."

그렇게 부인은 죽고, 장자는 슬픔에 빠졌다. 그러다 혼자 도저히 아이들을 키울 자신이 없어 새 부인을 맞이하였다. 그런데 가뭄이 들어 생계가 힘들었다. 장자는 북쪽 단나라산으로 7일을 기약하고 먹을 음식을 구하러 떠났다. 부인은 생모처럼 아이들을 잘 키웠다.

그런데 14일 지나도 장자는 돌아오지 않았다. 그때 부인은 딴 생각을 품었다.

'그가 돌아오지 않으면 나 혼자 이 아이들을 어떻게 키우지. 그리고 설사 돌아온다고 하여도 아이들만 챙기지 나를 생각해 줄까. 지금 두 아이를 버리자.'

그리고 아이들에게 말하였다.

"나는 너희들을 키울 힘이 없고, 너희 아버지는 돌아오지 않는구나. 남쪽 섬 바닷가에 좋은 과일, 채소 등이 있다는데, 우리 그곳에 가서 살자구나."

이렇게 아이들과 함께 섬으로 떠났다. 섬에 도착하자 그녀는 말했다.

"먼저 내려 놀고 있어라. 나는 배에서 음식을 준비하마."

아이들은 배에서 내려 신나게 놀았다. 그사이 부인은 몰래 배를 타고 고향으로 돌아갔다. 신나게 놀던 아이가 배 있는 곳으로 오니 배는 보이지 않았다. 어머니가 돌아간 걸 모른 채 아이들은 어머니를 부르며 찾았다. 그러나 대답이 없었다. 두 아이는 하루 밤낮을 울었다. 형 조리가 말하였다.

"어머니는 죽어서 다시 오지 않고, 아버지는 단나라산에 가서 다시 돌아오지 않고, 새어머니는 외딴섬에 도착하고는 몰래 가 버렸다. 어찌 신세가 이러한가."

그리고 어머니의 유언을 떠올리며 다짐하였다.

"나는 모름지기 보리심을 내리라. 보살의 대비를 이루고 해탈 문을 닦아 먼저 다른 사람을 제도하고 그 뒤에 성불하리라. 부모 가 없는 이를 위해 부모의 모습으로 나타나고, 스승이 없는 이를 위해 스승의 모습으로 나타나고, 천한 이를 위해 부귀한 모습으 로 나타나고, 국왕·대신·장자·거사·관리·바라문 등 일체 모든 부류로 나타나리라. 원컨대 나는 항상 이 섬에 머물러 모든 국토 를 안락하게 하리라. 산하대지·초목·오곡·과일 등으로 변화하 여 받는 자로 하여금 생사를 일찍 벗어나게 하리라. 원컨대 나는 어머니가 태어난 곳에 따라 태어나고 아버지가 태어나는 곳에 따라 태어나서 이별하지 않으리라."

이와 같이 100가지 원을 일으키고 목숨이 다하였다.

장나 장자는 단나라산으로부터 진귀한 과일 등을 가지고 집 으로 돌아왔다. 먼저 두 아이의 안부를 물었다. 부인은 아이들은 음식을 구하러 나갔다고 말하였다. 장자는 친구에게 가서 아이 들의 소재를 물었다. 친구로부터 모든 이야기를 듣고 울면서 자 책하였다. 장자는 작은 배를 구하여 외딴섬으로 가서 사방으로 아이들을 찾아다녔다. 백골이 한곳에 쌓여 있고 옷이 바닷가에

▲ 부산 삼광사 대웅보전의 관음보살 전생도

흩어져 있었다. 죽은 아이들의 뼈였다. 장자는 울부짖으며 발원하였다.

"원컨대 나는 모든 악한 중생을 제도하고 빨리 불도를 이루리라. 혹은 지수화풍으로 변화하고, 혹은 초목삼림으로 변화하여 중생의 의지가 되리라. 혹은 오곡으로 변화하여 다른 사람 몸을 키우리라. 혹은 하늘·인간·신 일체 모든 형색으로서 몸을 나타내지 않은 국토가 없으리라. (500가지 원을 세웠다.) 원컨대 나는 항상 사바세계에서 법을 설하여 교화하리라."

장자는 음식을 먹지 않고 마침내 목숨이 다하였다. 염부제가 크게 진동하고 하늘신들이 모여들고 축생들이 슬프게 울었다. 공중에서는 꽃을 내려 백골에 공양을 올렸다.

　이때 장나 장자는 지금의 석가모니여래이고, 어머니 마나사라는 서방 아미타여래이고, 형 조리는 관세음보살이고, 동생 속리는 대세지보살이다. 단나라산은 영축산이고, 외딴섬은 보타락가산이다.

『관세음보살왕생정토본연경』

이 이야기는 약간씩 내용을 달리하며, 또는 경전 이름도 『관음본연경』 등으로 달리하며 이런저런 이야기가 전해진다. 여하튼 이 『관세음보살왕생정토본연경』에 의하면, 석가모니부처님이 아버지이고, 아미타부처님이 어머니이고, 형이 관세음보살이고, 동생이 대세지보살이다. 이런 인연으로 서방정토에는 아미타부처님을 중심으로 관세음보살과 대세지보살이 있다.

　형 조리의 원을 보면, 그 섬에 있으면서 모든 중생을 제도한다고 하였고, 아버지(석가모니부처님), 어머니(아미타부처님)와 결코 떨어지지 않고 부모가 태어나는 곳에 따라 태어난다고 하였다. 그 섬이 바로 보타락가산이다. 관세음보살은 사바세계인 보타락가산에 있으면서, 또한 극락세계에도 몸을 나타낸다.

　다음은 관세음보살이 읊은 게송 일부분이다.

제가 무량겁 외딴섬에 있었을 때 생각하니

발심할 때 인연으로 항상 보타락가산에 있고

옛날 생사 때 두 여래는 부모였는데

지금은 정토와 예토에서 서로 도와 세간을 교화하네.

『관세음보살왕생정토본연경』

　이 경전을 보면서 무엇보다 조리(관세음보살)가 발원한 상황이 마음에 남는다. 동생과 단둘뿐인 외로운 섬에서 어머니 말씀을 떠올리면서 발원하였다. 외롭고 힘든 상황. 그 어려운 상황에서도 다른 이를 위해 보리심을 내는 그 마음…. 힘들 때만 나를 위해 불보살님을 찾는 중생의 마음에 가르침을 던져 준다.

09

보관에 나투신
부처님, 우리 곁에
나툰 관세음보살

경전에 의거하면, 관세음보살은 다양한 모습으로 나툰다. 그렇지
만 보통 관세음보살이라고 하면 보관을 쓴 관세음보살을 생각하게
된다. 그래서 보통 사찰에서는 보관을 쓴 모습의 관세음보살을 모
신다.

그런데 관세음보살뿐만 아니라 문수보살, 보현보살 등 대부분
보살이 보관을 쓴 모습이다. 지장보살은 두건 또는 삭발한 모습이
기에 다른 보살과 구별이 되어 금방 지장보살인 줄 안다. 그러나 다
른 보살의 경우에는 거의 모두 보관을 쓰고 있기 때문에 구분이 쉽
지 않다. 문수보살로 모신 보살상을 별도의 공간에 모셔 두고 어느
보살인지 알아맞춰 보라고 하면 확실한 근거를 가지고 알아보는

이는 거의 없을 것이다. 구분할 수 있는 근거가 보살상에 명확하게 나타나지 않기 때문이다.

○ 관세음보살 보관에 나투신 부처님

그런데 관세음보살상은 특별한 특징이 있기 때문에 알아보기 쉽다. 그 특징을 『관무량수경』에 직접 표현하고 있다. 그 내용은 정토를 살피는 16관법을 설명하는 가운데 등장한다. 아울러 대세지보살도 언급한다.

"(관세음)보살은 머리 위에 비능가마니 보석으로 된 천관天冠을 쓰고 있다. 그 천관 가운데 높이가 25유순('유순'은 소가 멍에를 하고 하루 종일 갈 수 있는 거리에 해당하는 거리 단위다. 보통 7~16킬로미터로 계산한다.)이나 되는 부처님 한 분이 서 계신다." (제10관 관음관)

"(대세지)보살의 천관에는 500종류나 되는 보석 꽃들이 장식되어 있고. … 머리 위 상투에는 한 개의 보병寶甁(보석으로 된 병)이 있다." (제11관 세지관)

"관세음보살과 대세지보살은 어디에서나 같은 모습이다. 중생은 다만 머리 모습만 보면 관세음보살인지 알고, 대세지보살인 줄 안다. 이 두 보살은 아미타부처님을 도와서 일체 중생을 널리 교화한다." (제13관 잡상관)

이와 같이 『관무량수경』의 내용에 의하면 관세음보살은 부처님이 서 계신 천관을 쓰고 있으며, 대세지보살은 정수리 부분에 보병이 하나 자리하고 있다.

이러한 설명에 의하여 현재 법당에 두 보살을 모신다. 관세음보살상은 부처님이 새겨진 보관을 쓰고 있고, 대세지보살상은 보병이 새겨진 보관을 쓰고 있다. 이때 부처님은 보통 아미타부처님이라고 본다. 경전에는 어느 부처님이라고 명확하게 제시하지 않고, 단지 부처님이라고만 되어 있다. 대세지보살상의 경우에는 경전 설명과 다소 다르다. 아마 정수리위에 보병이 자리하는 것보다 관세음보살처럼 보관에 새겨져 있는 것이 불상의 구조상 더 좋지 않을까 하여 그렇게 조성하지 않은가 한다.

따라서 중앙에 부처님이 계시고 좌우로 보살님이 있을 때, 그 보살상의 보관에 부처님이 계시면 관세음보살이고, 보병이 있으면 대세지보살이다. 그리고 자연스럽게 중앙에 계신 부처님은 아미타부처님이다.

참고로, 이러한 경전 내용에 의거하여 경주 석굴암 부처님을 아미타부처님이라고 하는 이도 있다. 보통 석굴암 부처님처럼 선정인(왼손: 참선할 때의 손 모양)에 항마촉지인(오른손: 땅을 가리키는 손 모양)의 수인을 하고 있으면 대개 석가모니부처님으로 본다. 그런데 아직까지 석굴암 부처님은 특정 부처님으로 정해지지 않았다. 여러 주장 가운데 하나가 아미타부처님이다. 다 알다시피 석굴암

▲ 군위 아미타여래삼존 석굴(국보 제109호)

부처님은 동해를 바라보고 있다. 그러면 부처님의 위치는 서쪽에 해당한다. 그리고 아미타부처님을 무량광불無量光佛이라고 의역하는데, 아미타라는 말은 '헤아릴 수 없는 광명'이라는 뜻이다. 이에 동해에 떠오르는 태양과 관련해서 빛을 매개체로 하여 석굴암 본존불을 아미타부처님이라고 주장한다. 물론 서쪽에 앉아 있다거나 태양을 바라본다거나 하는, 단순한 이유 때문은 아니다. 무엇보다 중요한 근거 하나는 불상 조성의 유사성이다.

경상북도 군위군에는 제2석굴암이라 불리는 아미타여래삼존 석굴(국보 제109호)이 있다. 그 석굴암은 경주 석굴암보다 앞서 조성되었다. 이 석굴에는 세 분의 불보살님이 모셔져 있다. 중앙에 계신 부처님은 선정인과 항마촉지인을 하고 있다. 그리고 좌측에 있는 보살의 보관에는 부처님이 계시고, 우측에 있는 보살의 보관에는 보병이 자리한다. 따라서 각각 관세음보살과 대세지보살이다. 그렇다면 당연히 중앙에 계신 분은 아미타부처님이 된다. 손 모양이 선정인과 항마촉지인을 하고 있다고 하더라도 석가모니부처님이 아니라 아미타부처님이 된다. 이를 근거로 경주 석굴암의 부처님도 아미타부처님이라고 주장한다.

○ 우리 곁에 나툰 관세음보살

이처럼 서방극락정토에는 아미타부처님을 중심으로 좌우로 관세음보살과 대세지보살이 자리하고 있다. 그렇다면 이런 생각도 든다. '『화엄경』에는 관세음보살은 우리가 사는 이 땅 남섬부주 바닷가 보타락가산에 머문다고 하고, 지금 『관무량수경』 등 아미타부처님 관련 경전(정토경전)에는 서방극락세계에 있다고 하니, 진짜 관세음보살이 머무는 곳은 어디지?' 그래서 이런 생각도 하였다. '관세음보살의 거주지는 보타락가산이고, 근무지는 서방극락세계가 아닐까. 바닷가 섬, 보타락가산에 거주하는 관세음보살이 서방극락세계로 출퇴근하려면 바다를 건너야 하는데, 용을 탄 관세음보살 그림이 많은 것을 보니 배보다는 용을 타고 가는 것은 아닐까.' 필자의 엉뚱한 상상이다. 오해 없기 바란다.

『유심안락도』에는 이런 글이 있다. 참고로『유심안락도』는 원효스님의 저술이라고는 되어 있지만, 원효스님이 열반한 이후 번역된 경전이 글 가운데 언급되어 원효스님의 글을 이후 다른 이가 증보 개편하였다고 본다. 그 가운데 글이다.

> "서방(극락세계)에는 관세음보살이 계신데, 이 (사바)세계에 와서 (중생들로 하여금) 정진하여 극락왕생하도록 인도하시네."
>
> 『유심안락도』

이 글에 의하면, 필자의 엉뚱한 생각과 반대가 된다. 관세음보살은 서방극락세계가 거주지요, 주된 근무지다. 그리고 이 땅의 중생을 위해 사바세계로 출장 온다고나 할까. 사바세계에 나투어 중생들로 하여금 부지런히 정진하여 극락에 갈 수 있도록 권하고 인도한다. 출장 시 주로 머무는 곳이 보타락가산이다. 그러나 관세음보살은 이 땅에 와도 보타락가산에만 머물지 않는다. 다음은 웬만한 사찰 관음전이면 기둥에 걸려 있는 게송이다.

> 한 떨기 붉은 연꽃은 바다 가운데 떠 있고
> 푸른 물결 깊은 곳에 신통으로 나투시네.
> 지난 밤 보타산에 계셨던 관세음보살님
> 오늘 아침 도량 안에 강림하셨네.

一葉紅蓮在海中(일엽홍련재해중)

碧波深處現神通(벽파심처현신통)

昨夜寶陀觀自在(작야보타관자재)

今朝降赴道場中(금조강부도량중)

관세음보살은 서방극락세계에 있으면서 이 땅에도 나툰다. 중생들의 현생뿐만 아니라 내생까지 함께하는 보살이다. '관세음보살' 한 번 부르는 순간, 관세음보살은 바로 그 자리에 함께한다. 그리하여 현생을 살아가는 우리에게 자비를 베풀 뿐만 아니라, 목숨을 다하는 순간에는 우리를 아미타부처님이 계신 서방정토로 인도한다.

나무관세음보살.

10
관세음보살, 부처님이 되다

보살의 뜻은 보리살타의 준말이다. 보리살타는 인도어인 보디사뜨바bodhisattva의 음역이다. 보디bodhi는 깨달음을 말하고, 사뜨바sattva는 유정有情, 중생을 말한다. 이를 각유정覺有情 또는 개사開士라 번역하였다.

그렇다면 깨달음(보리)과 유정(살타)의 합성어인 보리살타의 뜻은 무엇인가? 간단하게 단어의 뜻으로만 풀이하면 이렇다. '깨달음(보리)을 구하고자 하는 유정', '깨달음을 얻게 될 유정', '깨달음의 씨앗을 가진 유정' 등등.

따라서 보살은 마침내 깨달음을 얻게 된다는 뜻이며, 깨달음을 얻게 된다는 것은 부처님이 된다는 말이다. 즉 성불한다는 말이다.

▲ 제천 정방사 관세음보살

그렇다면 석가모니부처님이 과거 수많은 생 동안 보살도를 행하고
부처님이 되신 것처럼, 관세음보살도 부처님이 되는 것일까?

그에 대한 이야기는 453년에 한역된『관세음보살수기경』에 등
장한다.『관세음수결경』,『관음수기경』,『관세음보살득대세보살수
기경』이라고도 부른다. 현재 고려대장경에도 있다. 득대세보살은
대세지보살을 말한다. 관세음보살과 득대세(대세지)보살의 인연 이
야기와 수기를 받게 되는 인연을 설한다. 수기授記는 차후에 부처님
이 됨을 일러 주는 말이다. 즉 부처님이 될 기별(記)을 준다(授)는
뜻이다.

이 경전의 이야기는 석가모니부처님과 화덕장보살의 문답으로 진행된다. 아득한 옛날에 금광사자유희여래가 세상에 계셨을 때, 위덕왕이 있었다. 이 금광사자유희여래의 국토인 무량덕취안락시현세계는 아미타불의 안락세계(극락세계)보다 훨씬 뛰어나다. 어느 날 위덕왕이 동산에서 선정에 잠겨 있을 때 땅 속에서 두 송이 연꽃이 솟아났다. 그 연꽃에 두 명의 동자가 화생化生하여 가부좌를 하고 있었다. 각각 보의寶意와 보상寶上이라 이름하였다. 두 동자는 공空의 도리를 논하다가 위덕왕과 함께 금광사자유희여래를 찾아가 가르침을 청한다. 석가모니부처님께서 '위덕왕은 석가모니부처님이고, 두 동자는 각각 관세음보살과 대세지보살이고, 무량덕취안락시현국토는 서방극락세계의 그 당시 이름'이라고 말씀하신다. 그리고 다음과 같은 대화로 이어진다.

화덕장보살이 부처님께 여쭈었다.

"세존이시여, 바라건대 무량한 중생들로 하여금 큰 이익을 얻을 수 있도록 해설해 주십시오. 이 관세음보살은 어느 국토에서 깨달음(등정각)을 이루게 됩니까? 그리고 세계의 장엄, 광명, 명호, 성문과 보살의 수명, 나아가 성불하는 일은 어떻게 됩니까? 만약 세존께서 이 보살이 앞서 행한 그 행원을 설하여 주신다면, 그 밖의 보살들은 그 행원을 듣고 반드시 수행하여 마땅히 만족할 것입니다."

부처님께서 말씀하셨다.

"훌륭하구나. 잘 들어라. 내 마땅히 너를 위해서 설하리라."

"네, 그렇게 하겠습니다. 바라건대 기꺼이 듣고 싶습니다."

부처님께서 말씀하셨다.

"선남자야, 아미타불의 수명은 무량백천 겁이지만, 마땅히 끝이 있다. 선남자야, 앞으로 이루 헤아려 알 수 없는 겁에 아미타불께서 반열반(완전한 열반)하시리라. 반열반한 뒤에는 부처님의 수명과 같이 정법이 세상에 머문다. 세상에서 멸도한 뒤에 제도받는 중생들도 다 이와 동등하다. 부처님께서 열반하신 뒤에 혹시 부처님을 뵙지 못한 중생이 있다고 한다면, 모든 보살들이 염불삼매를 얻어서 언제나 아미타불을 볼 수 있다.

또 선남자야, 저 부처님께서 멸도하신 뒤에 모든 보물과 연못과 연꽃과 가로수는 항상 부처님과 아무런 차이가 없이 법음을 연설한다.

선남자야, 아미타불의 정법이 멸한 뒤 한밤중이 지나고 새벽이 밝아 올 때 관세음보살이 칠보로 이루어진 보리수 밑에서 결가부좌를 하고 등정각을 이루리라. 그 이름을 보광공덕산왕여래 응공 정변지 명행족 선서 세간해 무상사 조어장부 천인사 불세존이라 한다. 그 국토는 저절로 칠보로 이루어지고 온갖 미묘한 것들이 합쳐져서 장엄한다. 여러 불세존께서 갠지스강의 모래수와 같은 겁 동안 설해도 다 할 수 없다.

선남자야, 내 지금 너를 위해 비유를 들어서 설하겠다. 저 금광사자유희여래의 국토를 장엄한 일들은 보광공덕산왕여래 국토의 것에 비교하면, 백 배, 천 배, 천만 배, 억 배, 억조 배 내지 그 수를 헤아릴 수 없을 만큼 미치지 못한다. 그 불국토에는 성문이나 연각이라고 하는 이름이 없고, 오로지 보살들만 그 국토에 충만하다."

화덕장보살이 부처님께 여쭈었다.

"세존이시여, 그 부처님 나라의 이름이 안락입니까?"

부처님께서 말씀하셨다.

"선남자야, 그 부처님의 국토는 이름을 중보衆寶라고 한다. 모든 장엄함을 두루 모아 갖추고 있기 때문이다. 선남자야, 보광공덕산왕여래가 그 수명이 다하여 열반에 이르기까지 득대세보살이 친히 공양한다. 반열반한 뒤에는 정법이 다할 때까지 정법을 받들어 지닌다. 정법이 멸진한 뒤에는 곧 그 국토에서 아뇩다라삼약삼보리를 이루리라. 그 이름을 선주공덕보왕여래 응공 정변지 명행족 선서 세간해 무상사 조어장부 천인사 불세존이라 한다. 보광공덕산왕여래의 국토처럼 광명, 수명, 보살의 무리, 나아가 법이 머무는 것 등 모두 동등하여 아무런 차이가 없다.

만약 선남자나 선여인이 이 선주공덕보왕여래의 이름을 듣는다면, 그런 자들은 모두 아뇩다라삼약삼보리에서 물러나지 않는다.

또 선남자야, 만약에 어떤 여인이 과거의 금광사자유희여래나 선주공덕보왕여래의 이름을 듣는다면, 모두 여자의 몸을 바꾸어서 40억 겁 동안의 모든 생사의 죄를 없애고 모두 아뇩다라삼약삼보리에서 물러나지 않고, 언제나 부처님을 뵙고 정법을 들어 수지하고 여러 스님들을 공양하며, 육신을 버리고 출가하여 무애변을 이루어서 빠르게 총지總持를 얻는다."

그 때 모임 가운데 60억 대중들은 같은 소리로 찬탄하여 말하였다. "나무시방반열반불!" 같은 마음으로 함께 논의하여 아뇩다라삼약삼보리를 일으켰다. 부처님께서 곧 아뇩다라삼약삼보리를 이루리라고 수기하셨다. 또 8만4천 나유타('나유타'는 '천만' 또는 '천억'을 뜻하는 숫자 단위다.) 중생은 번뇌를 멀리 여의고 가르침 가운데 법안法眼의 깨끗함을 얻었다. 7천 비구는 번뇌가 다하고 해탈을 얻었다.

「관세음보살수기경」

현재 서방 극락세계에 있는 관세음보살은 아미타부처님께서 열반하시고 아미타부처님의 가르침이 아미타부처님의 수명만큼 지난 뒤, 그 뒤를 이어서 그곳에서 깨달음(아뇩다라삼약삼보리)을 이루고 부처님이 된다. 그때 부처님의 명호는 보광공덕산왕여래이고, 그 세계는 중보세계다. 그리고 대세지보살이 그 뒤를 잇는다.

즉 관세음보살이 깨달음을 얻고 부처님이 됨을 석가모니부처님께서 기별해 주셨다. 이를 수기授記라고 한다. 그런데 경 제목은『관세음보살수기경』,『관세음보살득대세보살수기경』이지만, 두 보살의 수기만 언급하는 경전은 아니다. 이 이야기를 듣고 '나무시방반열반불'을 외치고 아뇩다라삼약삼보리를 일으킨 대중도 석가모니 부처님으로부터 수기를 받는다. 아뇩다라삼약삼보리는 무상정등정각無上正等正覺이라고 번역한다. '더 이상 높은 것 없고(無上), 진여(진리의 세계)와 바르고 동등한(正等) 바른 깨달음(正覺)'이라는 뜻이다. 줄여서 등정각等正覺이라고도 한다.

그렇다면 이 이야기를 보고 듣고 생각하는 우리는?『법화경』가르침에 의하면 우리 또한 수기를 받았다고 한다. 필자 같은 사람을 범부보살이라고 한다. 깨달음의 씨앗을 간직하고 있을 뿐만 아니라 수기를 받았기에 '보살'이지만, 그 사실 자체를 모르고 살아가고 있으니 '범부'다. "관세음보살" 한 소리에 모든 가르침이 담겨 있음을 어느 세월에 알게 되려나.

11
부처님이
관세음보살로
오시다

○ 오래전에 성불한 관세음보살

앞에서 관세음보살의 전생 인연과 부처님이 되는 인연을 알아보았
다. 특히『관세음보살수기경』에 의하면, 현재 서방극락세계에 있는
관세음보살은 아미타부처님께서 열반하신 뒤에 아미타부처님의
가르침이 아미타부처님의 수명만큼 지난 다음, 그 뒤를 이어서 그
곳에서 깨달음(아뇩다라삼약삼보리)를 이루고 부처님이 된다. 그때
부처님의 명호는 보광공덕산왕여래이고, 그 세계는 중보세계다. 그
리고 대세지보살이 그 뒤를 잇는다.

그런데『천수천안관세음보살대비심다라니경』에는 관세음보살
이 먼 옛날에 부처님이 되었다는 이야기가 있다. 이 경전은『천수

▲ 속초 신흥사의 대세지보살, 아미타불, 관세음보살(왼쪽부터)

경』의 갖춘 이름이다. 현재 독송하는『천수경』은 이 경전 가운데 주요한 내용을 모아 독송용으로 재편집한 것이다. 이 경전에 다음과 같은 내용이 있다.

    석가모니 부처님께서 말씀하셨다.

    "이 보살의 이름은 '세간의 소리를 살펴보는 것이 자재한 자(관세음자재)'며, '구원의 줄을 잡고 있는 자(연삭撚索)', '천 개의 빛나는 눈을 지닌 자(천광안)'다.

    선남자여, 이 관세음보살은 이루 생각할 수 없고 말할 수 없는 위신력으로, 이미 과거 한량없는 겁 가운데 부처님이 되어 정법 명여래正法明如來라 하였다. 대비 원력으로 모든 보살을 일으키고 모든 중생을 안락하게 성숙시키고자 현재 보살이 되었다.

그대들 여러 대중 곧 보살마하살, 범천, 제석, 용, 신들은 모두 공경하여 소홀히 하지 말라. 모든 사람과 하늘도 반드시 늘 공양하고 오로지 관세음보살의 명호를 부르면, 한량없는 복을 얻고 한량없는 죄를 없애어, 목숨이 마치면 아미타부처님 나라에 가서 나게 된다."

「천수천안관세음보살대비심다라니경」

지금까지 관세음보살과 관련된 경전 말씀을 정리해 보자. 지나간 한량없는 겁 가운데 관세음보살은 이미 부처님이 되어 정법왕여래라 하였다. 모든 이들의 삶을 안락하게 하고자 현재 보살이 되었다. 그리하여 현재 서방정토에서 아미타불의 좌보처가 되어 중생들에게 자비를 베푼다. 그리고 아미타부처님이 열반하시고 난 뒤 아미타부처님의 가르침이 다하면 서방정토에서 부처님이 되어 보광공덕산왕여래라 한다. 그리고 보광공덕산왕여래 열반 후 대세지보살이 그 뒤를 잇는다.

그렇다면 지금 우리가 그 명호를 부르는 관세음보살은 이미 오래 전에 깨달음을 얻은 부처님인데 중생을 위해 보살로 나타난 분이다. 이 이야기는 『법화경』「여래수량품」의 내용과 닮아 있다.

"그대들은 여래의 비밀 신통력을 자세히 들어라. 일체 세간의 사람과 하늘과 아수라는 모두 말한다. '지금의 석가모니부처님이 석가족의 궁전에서 나와 가야성 멀지 않은 도량에 앉아 아뇩다라삼약삼보리를 얻었다.'

그러나 선남자여, 내가 실로 성불한 이래 무량무변 백천만억 나유타겁이 지났다.

비유해 보자. 가령 어떤 사람이 오백천만억 나유타 아승지 삼천대천세계를 부수어 작은 티끌을 만들어서 오백천만억 나유타 아승지 나라를 지나서 티끌 하나를 떨어뜨리고, 이와 같이 하여 동쪽으로 계속 가서 이 티끌이 다한다. 모든 선남자여, 어떻게 생각하는가. 이 모든 세계를 가히 생각하고 헤아려 그 수를 알 수 있겠는가."…

"모든 선남자여, 이제 분명히 말하리라. 만일 작은 티끌이 떨어진 곳과 떨어지지 않은 곳, 이 모든 세계를 모두 티끌로 만들어 한 티끌을 한 겁이라 친다 하여도 내가 성불한 지는 또 이보다 더 오래인 백천만억 나유타 겁이다.

이로부터 내가 항상 이 사바세계에 있으면서 법을 설해 교화했으며, 또한 다른 곳 백천만억 나유타 아승지 나라에도 중생을 인도하여 이롭게 하였다.

모든 선남자여, 이 중간에 내가 연등불 등의 일들을 설하기도 하며, 또 그를 열반에 들었다고 말하였다. 이러한 모든 것은 다

방편으로 분별한 것이다. …

나는 실로 성불한 이래 이처럼 오래되었지만, 중생을 교화하여 불도에 들게 하고자 이와 같이 설하였다. …

이와 같이 내가 성불한 지는 매우 오래 되었지만, 수명은 한량 없는 아승지겁으로 항상 머물러 있어 멸하지 않는다."

『법화경』「여래수량품」

이러한 가르침을 구원성불久遠成佛이라고 한다. '오래전에 이미 부처님이 되었다.'는 말이다. 석가모니부처님의 성불은 금생의 일이 아니라 실은 성불한 지는 무량무변 백천만억 나유타 겁이 된다. 이 기간이 얼마나 어마어마한지 티끌로 비유한다. 이 비유가 그 유명한 오백진점五百塵點의 비유다. 수명 또한 한량없는 아승지겁이어서 항상 머물며 멸하지 않는다(상주불멸常住不滅). 그동안에 항상 영축산과 기타 도처에서 중생의 이익과 안락을 위해 교화와 설법을 그치지 않으셨다.

○ 중생을 위해 방편으로 오신 분

석가모니부처님이 이 땅에 오셨다가 멸도하심을 보인 것은 중생을 구하기 위한 대자비의 방편이다. 여기서 유명한 '훌륭한 의사의 비유'가 등장한다. 경전 내용을 정리하면 이렇다.

한 뛰어난 의사가 외국으로 출장을 간 사이 그의 아이들이 독을 마시고 신음하고 있었다. 집에 돌아온 의사는 곧 해독제를 만들었다. 그런데 머리가 이미 이상해진 아이들은 그 해독제를 절대로 먹으려고 하지 않았다. 그러자 의사는 다시 외국으로 갔고, 아이들에게 "아버지가 돌아가셨다."는 소식을 전하게 했다. 아이들은 이제 의지할 아버지가 없어진 것을 알고 무척 슬퍼하다가 제정신을 찾아 해독제를 먹고 나서 독의 고통에서 벗어날 수 있었다. 그러고 나서야 의사는 자신의 무사한 모습을 아이들에게 보여 주었다.

이 비유 속에서 독을 마시고 신음하는 아이들은 미망 속에 허덕이는 중생들을 말하고, 아버지인 의사는 구원불久遠佛을 말한다. 아버지가 죽었다는 소식을 알려 아이들로 하여금 해독제를 복용하게 만든 일은 구원불이 입멸했다는 말을 꾸며 미망 속에 허덕이는 중생들이 제정신을 차리게 한 일에 비유된다.

수나라 천태 지의선사는 지금도 석가모니 부처님께서 영축산에서 법을 설하고 계신다고 한다. 『법화경』「여래수량품」구원성불의 가르침은 부처님 수명의 무량, 불신佛身의 상주常住, 중생 교화와 제도의 무량, 자비의 무량 등을 나타낸다.

따라서 앞서 언급한 관세음보살 역시 그러하다 여겨진다. 관세음보살 또한 오래전에 성불하였지만 중생 교화를 위해 보살로 나투고 먼 미래에 열반한다. 관세음보살 역시 그 수명이 무량하다. 먼 세월에 열반에 든다고 하나 이는 방편이며 항상 우리 곁에 머문다. 그리하여 헤아릴 수 없는 세월 동안 중생 교화와 제도에 한량이 없다.

한편으로 이러한 가르침은 '중생이 부처님이다.'라는 가르침도 던져 준다. 먼 옛날 성불하였다는 말은 우리 중생이 본래 가지고 있는 불성을 말한다. 관세음보살이 행한 보살도는 곧 우리가 행할 보살도를 말한다. 먼 미래에 관세음보살이 성불한다는 말은 곧 우리 스스로 부처님임을 자각한다는 가르침이다.

'관세음보살, 관세음보살, 관세음보살' 읊조리는 순간 이 모든 가르침이 담겨 있다.

○ 불보살님이 쓴 보관의 의미

불상은 좁은 의미로는 부처님상을 말한다. 반면 넓은 의미로는 부처님상뿐만 아니라 보살상, 나한상, 신장상, 조사상(스님상) 등을 모두 포함한다. 이러한 불상 가운데 부처님상과 보살상을 구분하는 방법은, 나발(소라 모양처럼 둥글게 말려 올라간 머리카락)을 하고 있으면 대부분 부처님상이고, 보관을 쓰고 있으면 대부분 보살상이다. 물론 보살상은 보관뿐만 아니라 몸에 화려한 장식을 하고 있다.

'대부분'이라고 하였듯이, 반드시 그런 것은 아니다. 가령 지장보살은 삭발을 하고 있거나 두건을 쓰고 있다. 가령 부처님 가운데 노나사부처님은 가끔 보관을 쓰고 계신다. 그렇다면 왜 노사나부처님

▲ 구례 화엄사 대웅전의 화신, 법신, 보신(왼쪽부터)

은 보관을 쓰고 계실까?

독송할 때 가끔 '청정법신 비로자나불, 원만보신 노사나불, 천백억화신 석가모니불'이라고 읊조린다. 법신法身, 보신報身, 화신化身을 삼신불三身佛이라고 한다.

법신은 진리 그 자체(법法)를 부처님으로 한다. 진리 그 자체의 부처님이다. 보신은 수행을 통해 부처님이 되었을 때 수행자의 입장에서 그 부처님을 보신이라고 한다. 수행의 결과로 부처님 몸을 받았다(보報)는 말이다. 화신은 뭇 중생을 제도하기 위해 그렇게 몸을 나투신(화化) 부처님을 말한다.

따라서 진리 그 자체인 법신 부처님은 번뇌 망상이라고는 티끌

만큼도 없다. 청정한 진리 그 자체이기 때문에 청정법신이다. 보신 부처님은 수행을 통해 부처님이 되었으니, 부처님의 공덕을 하나도 빠짐없이 원만하게 갖춘다. 그래서 원만보신이다. 화신부처님은 중생의 근기, 이해와 요구에 따라 다양한 모습으로 나타나야 하기 때문에 한두 분의 부처님으로 제도하기 힘들다. 수많은 부처님으로 나타나야 한다. 그래서 천백억화신이다.

그런데 법신, 보신, 화신은 별도의 부처님이 아니다. 한 부처님을 어떤 측면에서 보는가에 따라 법신, 보신, 화신이 된다. 가령 석가모니부처님을 예로 들어 보자. 싯다르타 태자가 수행을 통해 보리수 밑에서 깨달음을 얻었을 때, 진리와 하나가 되었다는 측면에서는 법신불이다. 싯다르타 태자의 입장에서 볼 때 수행의 결과로 부처님이 되었으니, 보신불이다. 우리 중생의 입장에서 볼 때 우리를 제도하기 위해 그렇게 오신 모습을 보여 주셨으니 화신불이다. 말하자면 어떤 측면에서 보는가에 따라 법신, 보신, 화신이 된다. 물론 이와 다른 견해의 불타관도 있다. 가령 『대승기신론』에는 어느 정도 수행이 된 보살의 마음에 보이는 부처님을 보신이라 한다. 그 경지에 이르지 못한 범부에게 보이는 부처님을 응신(화신불)이라 한다. 여하튼 견해가 다르더라도 우리 범부에게 나타나신 부처님은 화신불이다.

이러한 법신, 보신, 화신 가운데 보신 노나사부처님은 나발을 한 모습도 있지만, 보관을 쓴 모습도 있다. 그렇다면 왜 보관을 쓰고 계실까. 그 이유에 대한 두 가지 정도의 주장을 살펴보자.

첫째는 수행자의 모습이 남아 있다고 본다. 수행자가 수행을 통해 부처님이 되었을 때 수행자의 입장에 그 부처님을 보신이라고 한다. 수행하는 자는 곧 보살이다. 보살상은 대부분 보관을 쓰고 있다. 곧 보관을 쓴 보살의 모습이 보신부처님 모습에 남아 있다고 본다.

둘째는 보신부처님이 쓰고 있는 보관은 부처님의 공덕을 나타낸다고 본다. 수행자가 부처님이 되었을 때, 그 보신부처님은 부처님이 가지고 있는 공덕을 하나도 빠짐없이 원만하게 갖추고 있다. 이러한 부처님의 공덕을 중생의 시각에서 화려하게 장엄된 보관으로 나타낸다고 해석한다.

○ 보관을 쓴 관세음보살을 관하다

그렇다면, 관세음보살을 비롯한 여러 보살들의 보관은 어떻게 이해할 것인가? 이 또한 보살이 갖추고 있는 공덕을 상징하여 시청각적으로 나타냈다고 볼 수 있다. 정토경전 가운데『관무량수경』에는 관세음보살의 모습을 자세히 설명한다.

"무량수불을 분명히 보고 나서는 이어서 또 관세음보살을 관하라. 이 보살의 신장은 80만억 나유타 유순이다. 몸은 자금색으로 정수리에 육계(정수리가 상투처럼 솟은 모양)가 있다. 머리에는 둥근 광명이 있는데 지름이 백천 유순이다. 그 둥근 광명 가운데 석가모니부처님과 같은 500분의 화신불이 계신다. 한 분 한 분의 화신불에 500분의 화신 보살이 있다. 또 헤아릴 수 없는 모든 천인들이 모시고 있다. 온몸에서 나온 광명 가운데는 오도五道 중생의 모든 현상이 그 가운데 나타난다. 머리 위에는 비릉가마니 보배로 된 천관天冠이 있다. 그 천관 속에 한 분의 화신불이 계시는데, 높이가 25유순이다. 관세음보살의 얼굴은 염부단금색과 같고, 눈썹 사이의 백호상에는 칠보로 된 색을 갖추어 8만4천 가지 광명을 낸다. 하나하나의 광명에 무량무수 백천의 화신불이 계시고, 낱낱의 화신불은 무수한 화신보살이 모시고 있다. 자재하게 변하여 시방세계에 가득 나타낸다. 비유하면 붉은 연꽃 색과 같이 80억 가지 광명으로 된 영락을 하고 있고, 그 영락 가운데 널리 모든 장엄을 나타낸다. 손바닥에는 500억이나 되는 여러 가지 연꽃 색을 띠고, 그 열 손가락 하나하나에는 도장 문양과 같은 8만4천 가지 그림이 있고, 하나하나의 그림에는 8만4천 가지 광명이 있다. 그 광명은 유연하여 널리 모든 것을 비춘다. 이 보배 손으로 중생들을 인도한다.

발을 들 때에는 발밑에 천 개의 바퀴살로 된 바퀴의 모습이 있어 저절로 변화하여 500억 개의 광명대光明臺를 이룬다. 발을 내릴 때에는 금강마니 꽃이 있어 모든 곳에 두루 흩어져 가득하다. 그 나머지 몸의 모습은 여러 가지 상호로 구족하여 부처님과 같아 다름이 없다. 오직 머리 위의 육계와 무견정상無見頂相만 세존께 미치지 못한다. 이것을 관세음보살의 진실한 색신을 관하다 하고 열 번째 관이라 한다."

『관무량수경』

『관무량수경』에 의하면, 서방극락세계에 계신 관세음보살은 보관(보배로 된 천관)뿐만 아니라 여러 가지 신체 특징 등을 갖추고 있다. 80만억 나유타 유순의 키, 자금색 몸, 육계, 머리를 둘러싼 둥근 광명, 둥근 광명 속의 500분의 화신불, 화신불마다 500분의 화신보살, 오도(지옥, 아귀, 축생, 인간, 천) 중생을 나타내는 온몸을 둘러싼 광명, 마니보주로 된 천관(보관), 천관 속에 계신 높이 25유순의 화신불, 자금색의 얼굴빛, 8만4천 가지 빛을 내는 칠보의 빛깔을 가진 백호, 그 광명 속에 계신 화신불과 화신보살, 80억 광명으로 된 영락 목걸이, 500억 가지 연꽃 빛을 띠고 있는 손바닥, 8만4천 그림이 새겨진 손가락, 천개의 바퀴살로 된 바퀴 모양의 발금이 있는 발, 무견정상(육계를 말한다. 인간이나 천상에서 볼 수 없는 모양이므로 무견정상이라 한다.) 등 이 모든 것은 관세음보살의 공덕을 나타낸다. 이 공덕은 중생 제도를 위한 보살의 능력이다. 그러한 능력을 중생이 생각할 수 있게끔 여러 가지 신체 특징으로 나타낸 것이다.

이 경전 말씀은 서방극락세계를 관하는 16관법 가운데 제11관으로 관세음보살을 관하는 수행법이다. 그 경전에서 이렇게 말씀하신다.

"만약 관세음보살을 관하고자 한다면 마땅히 이렇게 관하라. 이렇게 관하면 모든 재앙을 만나지 않고, 업장이 깨끗이 제거되며, 무수한 겁 동안 지은 생사의 죄를 없앤다. 이와 같이 이 보살의 이름을 듣는 것만으로 무량한 복을 얻는데 하물며 자세히 관함이랴. 만약 관세음보살을 관하고자 하는 사람이 있다면 먼저 머리 위의 육계상을 관하고 이어 천관을 관하라. 그 나머지 여러 상을 차례로 관하여 손바닥을 보는 것 같이 분명하게 하라."

『관무량수경』

입으로 관세음보살을 부르면서 마음으로 서방극락세계에 있는 관세음보살을 그려 본다. 그런데 쉽지 않다. 순간순간 망상이 끼어든다. 그러나 부단한 정진 속에 어느덧 관세음보살을 관하게 되면, 그 순간 모든 재앙이 사라지고 모든 업장이 소멸되리라. 그때 관세음보살의 공덕은 바로 기도자의 공덕이 된다. 기도 도중 나타난 관세음보살이 당신이 입고 있던 옷과 장신구를 기도하는 자에게 입혀 주었다는 이야기가 그런 뜻이 아닌가 한다.

13
신묘장구대다라니와 관세음보살의 본원

우리가 독송하는『천수경』은『천수천안관세음보살광대원만무애대비심다라니경』(이하『대비심다라니경』)을 중심으로 재편집된 독송용 경전이다.『대비심다라니경』은 당나라 때 서천축(서인도) 가범달마스님이 번역하였다. 이 경의 핵심 내용은 바로 "나모라 다나다라 야야 나막알약"로 시작하는 '신묘장구대다라니'다.『대비심다라니경』에는 '대비신주', '대비심다라니'라고 언급한다.

독송용『천수경』에는 언급되지 않았지만,『대비심다라니경』에는 '대비신주'와 관련된 관세음보살의 본원이 언급된다.

본원本願이란 불보살님이 아직 부처님이 되기 전부터 과거세에 중생을 구제하고자 일으키는 서원이다. 본원에서 '본本'은 근본根本

이라는 뜻이다. 즉 본원은 불보살님이 과거세에 일으킨 근본 서원을 말한다.

서원에는 총원總願과 별원別願이 있다. 총원은 보살로서 누구나 일으키는 공통된 서원을 말한다. 바로 사홍서원이다.

중생이 한량없지만 건지기를 원합니다.
번뇌가 한량없지만 끊기를 원합니다.
법문이 한량없지만 배우기를 원합니다.
불도가 위없지만 이루기를 원합니다.

별원은 보살마다 특별한 목적을 이루기 위하여 일으킨 서원을 말한다. 법장비구(아미타불 전신)의 48원, 보현보살의 10대행원, 약사여래의 12원, 승만부인의 10대수와 3대원 등이 있다.

별원이 각 보살의 본원에 해당한다. 물론 총원을 그 바탕으로 하지만, 각 보살의 근본 서원이라는 입장에서 볼 때 별원이 각 보살의 본원이다.

『대비심다라니경』에는 대비심다라니의 공덕을 언급하는 가운데, 관세음보살의 본원이 등장한다.

관세음보살이 다시 부처님께 말씀드렸다.
"… 이 다라니를 외워 지니고자 하는 자가 있다면 중생들에게 자비로운 마음을 일으키고 먼저 저를 따라 이러한 원을 일으켜야 합니다.

대비하신 관세음께 귀의하오니 / 온갖 법을 어서 빨리 알아지이다. … 칼산지옥 제가 가면 / 칼산 절로 무너지고 … 축생에게 제가 가면 지혜 절로 생기지다.

이러한 원을 일으키고서는 지극한 마음으로 저의 이름을 부르고, 또한 저의 본사이신 아미타여래를 오로지 생각합니다. 그런 다음 이 다라니신주를 외워야 합니다. 하룻밤에 다섯 번을 외우면 몸 가운데 백천만억겁 생사 가운데 지은 무거운 죄를 없애게 됩니다.”

관세음보살이 다시 부처님에게 말씀드렸다.

“세존이시여, 만약 모든 사람과 하늘이 대비신주를 외워 지닌다면, 목숨이 다할 때 시방의 모든 부처님이 와서 손을 내밀고, 태어나고 싶은 불국토에 원하는 대로 가서 태어납니다.”

다시 부처님에게 말씀드렸다.

“세존이시여, 만약 모든 사람과 하늘이 대비신주를 외우고서도 삼악도에 떨어진다면, 저는 성불하지 않겠습니다.

만약 대비신주를 외우는 자가 모두 부처님의 나라에 태어나지 못한다면, 저는 결코 성불하지 않겠습니다.

만약 대비신주를 외우는 자가 한량없는 삼매와 변재를 얻지 못한다면, 저는 결코 성불하지 않겠습니다.

만약 대비신주를 외우는 자가 현재의 삶 가운데서 모든 구하는 바를 이루지 못한다면, 이 다라니는 대비심다라니가 될 수 없습니다. 그러나 옳지 못한 일을 위해 외우거나 지성으로 외우지 않을 때는 제외합니다.

만약 모든 여인이 여자 몸을 싫어하여 남자 몸을 이루고자 하여 대비다라니의 글귀를 외워 지니고서도 여자 몸을 바꾸어 남자 몸을 이루지 못한다면, 저는 결코 성불하지 않겠습니다. 그러나 조금이라도 의심하는 마음을 일으키면 결코 그것을 이루지 못할 것입니다.

만약 모든 중생이 승가대중의 음식이나 재물을 해치거나 덜어 내면, 천 분의 부처님이 세상에 나오시더라도 참회할 수 없고, 설사 참회한다 해도 죄를 없애지 못하는데, 이제 대비신주를 외우면 그 죄를 없앨 수 있습니다.

그리고 승가대중의 음식이나 재물을 해치거나 덜어 내면 반드시 시방의 스승님(부처님) 앞에서 참회하고서야 그 죄를 없애게 되는데, 이제 대비다라니를 외우게 되면 시방의 스승님이 오셔서 온갖 죄업장이 모두 없어지는 것을 증명해 주십니다. 십악, 오역죄, 사람을 비방하고, 법을 비방하고, 재계를 파괴하고, 탑을 파괴하고, 절을 파괴하고, 승가의 물건을 훔치고, 범행을 더럽히는 등 이러한 모든 악업의 무거운 죄가 모두 다 사라집니다.

오직 대비신주에 의심을 일으킨 경우는 한 가지 잘못일지라도 (사라지는 것에) 제외합니다. 이 경우 가벼운 업과 작은 죄도 없앨 수 없는데, 어떻게 무거운 죄를 없앨 수 있겠습니까. 무거운 죄를 없앨 수 없을 뿐만 아니라 오히려 깨달음을 이루는 원인마저 멀어지게 합니다."

다시 부처님께 말씀드렸다.

"세존이시여, 만약 모든 사람과 하늘이 대비신주를 외워 지닌다면, 열다섯 가지 좋은 경우로 태어나고, 열다섯 가지 나쁜 경우로 죽지 않습니다.

열다섯 가지 나쁜 경우로 죽지 않음이란, 첫째 배고픈 고통으로 죽지 않게 하고, 둘째 옥에 갇혀 매 맞아 죽지 않게 하고, 셋째 원수와 상대해서 죽지 않게 하고, 넷째 전쟁터에서 서로 싸워 죽지 않게 하고, 다섯째 사나운 짐승에게 물려 죽지 않게 하고, 여섯째 독한 뱀이나 전갈에게 물려 죽지 않게 하고, 일곱째 불에 타 죽거나 물에 빠져 죽지 않게 하고, 여덟째 독약을 먹고 죽지 않게 하고, 아홉째 독벌레의 독으로 죽지 않게 하고, 열째 미쳐서 정신을 잃어 죽지 않게 하고, 열한째 산이나 나무나 낭떠러지에서 떨어져 죽지 않게 하고, 열두째 나쁜 사람의 저주로 죽지 않게 하고, 열셋째 사악한 신이나 악귀에 홀려 죽지 않게 하고, 열넷째 몹쓸 병이 온 몸을 덮어서 죽지 않게 하고, 열다섯째 자살로 죽지 않게 합니다.

대비신주를 외우는 자는 이와 같은 나쁜 죽음을 당하지 않으며 열다섯 가지 좋은 경우로 태어납니다.

　열다섯 가지 좋은 경우로 태어나는 것은, 첫째 태어나는 곳마다 늘 좋은 왕을 만나고, 둘째 늘 좋은 나라에 태어나고, 셋째 늘 좋은 때를 만나고, 넷째 늘 좋은 벗을 만나고, 다섯째 신체에 늘 결함이 없으며, 여섯째 도를 향하는 마음이 무르익으며, 일곱째 계를 범하지 않으며, 여덟째 가정이 늘 화목하며, 아홉째 필요한 재물과 음식이 늘 풍족하며, 열째 늘 다른 사람의 공경과 도움을 받으며, 열한째 가지고 있는 재물과 보배를 남들이 훔쳐 가지 않으며, 열두째 구하고자 하는 것이 모두 이루어지며, 열셋째 하늘과 용과 착한 신들이 늘 옹호해 주며, 열넷째 태어나는 곳마다 부처님을 뵙고 법을 들으며, 열다섯째 들은 바른 법에 대해 그 깊은 뜻을 깨치게 됩니다.

　만약 대비심다라니를 외워 지닌다면, 이와 같은 열다섯 가지 좋은 경우로 태어나게 됩니다. 모든 하늘과 사람들은 늘 외워 지니고 게으름을 피우지 말아야 합니다.”

『대비심다라니경』

　이러한 경전 말씀을 보면 신묘장구대다라니, 즉 대비심다라니는 관세음보살의 본원이 담긴 다라니다. 그러하기에 관세음보살은 대비심다라니를 외워 지니는 자가 삼악도에 떨어지거나, 부처님 나라에 태어나지 못하거나, 삼매와 변재를 얻지 못하거나, 구하는 바를

▲ 남해 보리암 관세음보살

이루지 못하거나, 여자 몸을 바꾸어 남자 몸을 이루지 못하거나 한
다면, 관세음보살은 결코 부처님이 되지 않겠다고 서원하였다. 그
리고 관세음보살의 본원이 담긴 대비심다라니의 공덕을 언급한다.

　관세음보살의 본원인 담긴 대비심다라니를 외워 지닌다는 것은
관세음보살의 본원과 함께한다는 의미다. 그런데 관세음보살의 명
호에는 이러한 관세음보살의 본원과 대비심다라니의 공덕이 담겨
있다. 지극한 마음으로 관세음보살 명호를 외우는 가운데 이러한
본원과 공덕이 함께한다. 따라서 지극한 마음으로 '관세음보살, 관
세음보살, 관세음보살…' 염불하는 공덕은 대비심다라니를 외우
는 공덕과 다르지 않다.

14

관세음보살의 본원, 십원과 육향

나무대비관세음 원아속지일체법

나무대비관세음 원아조득지혜안

나무대비관세음 원아속도일체중

나무대비관세음 원아조득선방편

나무대비관세음 원아속승반야선

나무대비관세음 원아조득월고해

나무대비관세음 원아속득계정도

나무대비관세음 원아조등원적산

나무대비관세음 원아속회무위사

나무대비관세음 원아조동법성신

아약향도산 도산자최절

아약향화탕 화탕자소멸

아약향지옥 지옥자고갈

아약향아귀 아귀자포만

아약향수라 악심자조복

아약향축생 자득대지혜

『천수경』

○ 십원은 선을 행하고 육향은 악을 없앤다

불자라면 그 뜻을 명확하게 알지 못할지라도 익숙한 구절이다. 바
로 불자들이 독송하는 『천수경』의 구절이다. 앞에서 언급하였듯이,
우리가 독송하는 『천수경』은 『천수천안관세음보살광대원만무애대
비심다라니경』(이하 『대비심다라니경』)을 중심으로 재편집된 독송
용 경전이다. 『대비심다라니경』과 독송용 『천수경』의 공통된 내용
이 바로 위에 인용한 구절과 "나모라 다나다라 야야 나막알약"로
시작하는 '신묘장구대다라니'다.

　"나무대비관세음 … 원아조동법성신"을 열 가지 서원으로서 십
원十願이라 한다. "아약향도산 … 자득대지혜"를 여섯 곳을 향한다
고 하여 육향六向이라고 하고, 또는 여섯 가지 서원으로서 육원六願
이라고 한다. 이 십원과 육향을 관세음보살의 본원本願이라고 말한

다.『대비심다라니경』에는 "만약 모든 사람과 하늘이 대비신주를 외우고서도 삼악도에 떨어진다면, 저는 성불하지 않겠습니다. 만약 대비신주를 외우는 자가 모두 부처님의 나라에 태어나지 못한다면, 저는 결코 성불하지 않겠습니다…." 등의 관세음보살 발원이 있다. 그러나 이 내용은 독송용『천수경』에 등장하지 않는다.『천수경』을 풀이하는 경우에도 이 발원에 대한 언급이 거의 없다. 그래서인지 대부분 십원과 육향을 관세음보살의 본원이라고 풀이한다. 아마 큰 틀에서 보면 그 내용이 십원과 육향에 포함되기 때문이리라.

『대비심다라니경』에서는 '신묘장구대다라니를 외워 지니고자 한다면 중생들에게 자비로운 마음을 일으키고 먼저 관세음보살을 따라 원을 일으켜야 한다.'고 한다. 그 원이 바로 십원과 육향이다. 풀이하면 이렇다.

대비하신 관세음께 귀의하니, 원컨대 제가 온갖 법을 빨리 알아지다.

대비하신 관세음께 귀의하니, 원컨대 제가 지혜 눈을 빨리 얻어지다.

대비하신 관세음께 귀의하니, 원컨대 제가 모든 중생을 빨리 건네지다.

대비하신 관세음께 귀의하니, 원컨대 제가 좋은 방편을 빨리 얻어지다.

대비하신 관세음께 귀의하니, 원컨대 제가 반야(지혜)의 배에 빨리 올라지다.

대비하신 관세음께 귀의하니, 원컨대 제가 고통의 바다를 빨리 건너지다.

대비하신 관세음께 귀의하니, 원컨대 제가 계戒와 선정(定)의 길을 빨리 얻어지다.

대비하신 관세음께 귀의하니, 원컨대 제가 원적圓寂(열반)의 산에 빨리 올라지다.

대비하신 관세음께 귀의하니, 원컨대 제가 무위無爲(진여, 진리)의 집에 빨리 들어지다.

대비하신 관세음께 귀의하니, 원컨대 제가 법성法性(진여, 진리)의 몸과 빨리 같아지다.

칼산지옥에 제가 가면 칼산이 절로 무너지고,
화탕지옥에 제가 가면 화탕이 절로 말라지며,
모든 지옥에 제가 가면 지옥이 절로 없어지고,
아귀 세계에 제가 가면 아귀가 절로 배부르고,
아수라 세계에 제가 가면 악한 마음이 절로 다스려지고,
축생 세계에 제가 가면 지혜가 절로 생기지다.

우리는 관세음보살의 가피를 구하고자 경전 말씀대로 십원과 육

향을 읊조리며 발원한다. 그 뜻이 무엇인지도 모른다. 그러나 신행 생활을 통해 그 뜻을 차츰 알게 되고, 어느덧 관세음보살의 가피도 함께하게 된다. 이때 십원과 육향은 관세음보살의 본원이자 우리의 발원이 된다. 우리는 처음에 관세음보살의 가피를 구하고자 경전 말씀대로 열심히 '관세음보살' 또는 신묘장구대다라니를 염한다. 염불 수행이 이어지는 가운데 알게 모르게 불보살님의 가피를 받는다. 가피로 인해 나의 삶이 행복해진다면, 그 행복을 주위 사람과 함께 하기 위해서 염불 수행을 권한다. 마치 관세음보살이 경전에서 우리들에게 염불 수행을 권하듯이, 주위 사람에게 수행을 권한다. 따라서 우리가 관세음보살을 염하거나, 관세음보살의 본원인 담긴 신묘장구대다라니를 외워 지닌다는 것은 관세음보살의 본원과 함께하겠다는 의미다.

중국 천태종의 사명 지례스님(960~1028)은 '십원은 항상 선善을 생겨나게 하는 원이고, 육원(육향)은 항상 악惡을 제거하여 소멸시키는 원'이라고 하였다. 둘을 합하여 16원願이라고도 한다. (이하 지례스님의 『천수안대비심주행법』에서 참조)

관세음보살에게 귀의함으로써 일체법을 알고, 지혜의 눈을 얻고, 모든 중생을 제도하고, 좋은 방편을 얻고, 반야(지혜)의 배에 오르고, 고통의 바다를 건너고, 계戒와 정定의 길을 얻고, 원적(열반)의 산에 오르고, 무위(진여)의 집에 들어가고, 법성(진여)의 몸과 같게 된다. 그러므로 십원은 좋은 것(善)을 생기게 하는 원이라 한다. 관

▲ 온양 보문사 십일면관세음보살

세음보살의 가피를 입은 이 몸으로 칼산지옥에 가면 칼산이 무너지고, 불이 타오르는 지옥에 가면 불이 꺼지고, 모든 지옥에 가면 지옥이 다 소멸되고, 늘 배고파 하는 아귀 세계에 가면 아귀가 저절로 배가 부르고, 싸움꾼인 아수라에게 가면 그 악한 마음이 다스려지고, 어리석은 축생(짐승)에게 가면 지혜가 절로 생겨난다. 그러므로 육원(육향)은 악惡을 소멸시키는 원이다.

○ 십원·육향과 사홍서원 그리고 사성제

또한 사명 지례스님은 사홍서원과 사성제四聖諦를 연결하고, 이를 십원과 연결시켰다. 사성제는 부처님의 근본 가르침으로써 고성제苦聖諦, 집성제集聖諦, 멸성제滅聖諦, 도성제道聖諦다. 고성제는 중생의 고통스러운 현실, 집성제는 고통의 원인, 멸성제는 고통을 벗어난 열반, 도성제는 열반으로 가는 수행이다.

사홍서원 가운데 '중생이 한량없지만 건지기를 원합니다.'는 고성제에, '번뇌가 한량없지만 끊기를 원합니다.'는 집성제에, '법문이 한량없지만 배우기를 원합니다.'는 도성제에, '불도가 위없지만 이루기를 원합니다.'는 멸성제에 연결하였다.

십원 가운데 제1원(지일체법)과 제2원(득지혜안)은 집성제에 의거한다. (이 현실의 고통의 원인을 알고자) 우선 일체 세상의 법을 알고자 원을 세우고, 다음 지혜를 얻고자 하는 원을 세운다. 이 지혜로 알지 못하는 것이 없다. 제3원(도일체중)과 제4원(득선방편)은 고성제에 의거한다. 우선 고통에 빠진 중생을 건지고자 원을 세우고, 다음에 좋은 방편을 구하고자 원을 세운다. 이 방편으로 제도하지 못할 중생이 없다. 제5원(승반야선), 제6원(득월고해), 제7원(득계정도), 제8원(등원적산)은 도성제에 의거한다. 우선 반야(지혜, 혜학)를 얻고자 하고, 다음 지혜로 생사의 고해를 건너기를 원하고, 다음에 출세간의 계(계학)와 정(정학)을 구하고자 하고, 다음에 계학과 정학으로써 열반에 들고자 원한다. 삼학三學은 도성제의 시작이고, 열반을 증득하는 것은 도성제의 끝이다. 제9원(회무위사)과 제10원(동법성신)은 멸성제에 의거한다. 먼저 무위의 법을 구하여 그 마음을 안정시켜 곧 의혹을 소멸시키고 잡다한 생각이 그치기를 원하고, 다음에 그윽한 법성과 본래 깨끗한 몸을 원하여 곧 구경에 항상 고요하길 원한다.

이처럼 십원은 사홍서원에 모두 연결된다. 사홍서원을 모든 불보살님의 총원總願(총체적인 원, 공통된 원)이라고 한다. 따라서 어떠한 원도 사홍서원을 벗어나지 않는다. 십원 역시 마찬가지다. 혹시 그래서 『천수경』 마지막 부분에 사홍서원이 등장하는 것은 아닐까.

15
—
'신묘장구대다라니' 독송과 '관세음보살' 염불

○ 일심으로 독송하고 일심으로 염불하기

우리가 독송하는 『천수경』의 핵심은 바로 '신묘장구대다라니'다. 관음기도를 할 때 이 다라니를 여러 번 독송하기도 한다. 짧게는 7독, 어느 정도는 33독, 길게는 108독을 한다. 7독 또는 33독은 7관음 또는 33관음 응신과 연관되고, 108독은 108번뇌를 다스리는 108지혜와 연관된다. 그 외에도 그 숫자에 맞는 다른 의미를 부여할 수도 있다. 여하튼 신묘장구대다라니의 공덕을 헤아릴 수 없다고 하니, 그 다라니를 옮겨 본다.

신묘장구대다라니 神妙章句大陀羅尼

나모라 다나다라 야야 나막알약 바로기제 새바라야 모지 사다바야 마하 사다바야 마하가로 니가야 옴 살바 바예수 다라나 가라야 다사명 나막 가리다바 이맘알야 바로기제 새바라 다바 니라간타 나막 하리나야 마발다 이사미 살발타 사다남 수반아예염 살바 보다남 바바마라 미수다감 다냐타 옴 아로계 아로가 마지로가 지가란제 혜혜하례 마하모지 사다바 사마라 사마라 하리나야 구로구로 갈마 사다야 사다야 도로도로 미연제 마하미연제 다라다라 다린나례 새바라 자라자라 마라 미마라 아마라 몰제 예혜혜 로계 새바라 라아 미사미 나사야 나베 사미사미 나사야 모하자라 미사미 나사야 호로호로 마라호로 하례 바나마 나바 사라사라 시리시리 소로소로 못쟈못쟈 모다야 모다야 매다라야 니라간타 가마사 날사남 바라 하라나야 마낙 사바하 싯다야 사바하 마하싯다야 사바하 싯다유예 새바라야 사바하 니라간타야 사바하 바라하 목카싱하 목카야 사바하 바나마 하따야 사바하 자가라 욕다야 사바하 상카섭나네 모다나야 사바하 마하라 구타다라야 사바하 바마사간타 이사시체다 가릿나 이나야 사바하 먀가라 잘마이바 사나야 사바하

　나모라 다나다라 야야 나막알야 바로기제 새바라야 사바하(3번)

　이 다라니를 건너뛰지 않고 읽었다면 그만큼 공덕을 지었다. 그런데 왜 뜻도 모르는 이 글을 읽어야 하는지 의문을 가진 이도 있을 것이다. 필자 주위에도 그렇게 말하는 이들이 종종 있다.

그 옛날 인도에서 불교가 중국에 들어왔을 때, 인도어로 된 경전을 중국어로 번역하였다. 그때 몇 가지 번역 기준을 정하였다. 그 가운데 당나라 현장스님(660~664)의 오종불번五種不翻(번역하지 않고 음사하는 다섯 가지 경우)이 있다.

첫째, 비밀스러운 경우다. 다라니가 그렇다. 다라니 또는 진언眞言은 간단한 말에 갖가지 심오한 의미를 담고 있다. 단순하게 드러난 말의 뜻만 해석하면 의미가 없을 뿐만 아니라 오히려 진실한 뜻을 훼손하게 되므로 번역하지 않고 인도어 그대로 음사(음역)한다.

둘째, 많은 뜻을 포함하는 경우다. 가령 비구가 그렇다. 비구에는 걸식하는 자, 번뇌를 부순 자, 마구니를 두렵게 하는 자 등의 뜻이 있다. 그런데 만약 비구를 걸사乞士라고만 번역하면 다른 뜻이 드러나지 않고 그 말을 왜곡할 수 있다.

셋째, 중국에 없는 것을 말하는 경우다. 사위성, 마가다국, 염부수閻浮樹가 그렇다. 그중 염부수는 인도에 자라는 '염부'라는 나무다. 인도어로 잠부jambu다. 중국에 없는 식물이므로 한자로 음사하였는데, 한국의 한자 음으로 읽다보니 염부가 되었다. 참고로 우리가 사는 곳을 남염부제南閻浮提 또는 남섬부주南贍浮洲라고 한다. '염부(잠부)라는 나무가 자라는 남쪽에 있는 땅'이라는 말이다.

넷째, 과거에 그렇게 번역한 경우다. 아뇩다라삼먁삼보리와 같은 경우다. 이는 무상정등정각無上正等正覺(위없고 바르고 진리와 동등한 바른 깨달음)으로 번역할 수 있지만, 이전부터 음역을 쓰고 있기 때문에 관습에 따른다.

다섯째, 좋고 훌륭한(선善) 뜻을 일으키는 경우다. 반야가 그렇다. 반야를 지혜라고 번역할 경우, 세간의 지혜나 지식처럼 느껴져 그 뜻이 가볍게 들릴 수 있다. 반야라고 음역함으로써 말이나 생각으로 헤아릴 수 없는, 뛰어난 지혜라는 존중의 뜻을 지닌다.

부처님 말씀을 함부로 전하지 않고자 했던 옛 스승들의 마음을 느낄 수 있다. 다라니를 번역하지 않는 이유를 설명하다보니, 다른 경우도 함께 언급하였다. 그러나 좀 더 생각해보면 다라니를 번역하지 않는 이유는 첫째 경우만 해당하는 것이 아니라 나머지 경우도 포함된다 할 수 있다. 그런 의미에서 다라니를 번역하지 않는 이유를 다음과 같이 언급한다.

첫째, 다라니는 부처님의 높은 차원의 의미를 담은 말씀으로 부처님과 부처님만이 서로 통하고 그 경계에 이르지 못한 이는 해득이 불가능하므로 풀어서 해석하지 않는다.

둘째, 다라니는 한 자 한 자에 수많은 뜻을 포함하고 있어 풀어서 해석하지 않는다.

셋째, 다라니는 허공계의 많은 신장과 성현의 이름이어서 고유명사이기 때문에 풀어서 해석할 수 없다.

넷째, 다라니는 모든 부처님들의 비밀스런 의미를 담고 있으므로 이를 풀어서 해석하면 부처님의 위신력을 손상하므로 할 수 없다.

다섯째, 제불보살님의 불가사의한 위신력이 깃들어 있으므로 지송持誦 자체에 의미가 있는 것이므로 풀어서 해석할 수 없다.

윤영해 지음, 『천수경과 기도영험』, 불교시대사, 2015.

그런데 이런 문제 제기를 한다. '인도 사람들은 인도어로 된 경전을 독송하였기 때문에 그들은 그 다라니의 뜻을 알고 독송하지 않았겠는가. 그러니 우리도 뜻을 알고 독송해야 하지 않는가.' 이러한 의견을 받아들여 오늘날 그 다라니를 번역하는 이도 있다. 그 번역에 따르면 불법승 삼보에 대한 귀의, 관세음보살에 대한 귀의, 관세음보살의 공덕에 대한 찬탄, 관세음보살의 가피를 기원하는 등의 내용이다.

그러나 독송하는 동안에는 그 글자의 뜻을 헤아리기보다는 아무런 생각 없이 오로지 글자와 하나가 되어야 한다. 말과 글은 한계가 있다. 모든 뜻을 담을 수 없다. 자신이 알고 있는 뜻으로 경전의 뜻을 헤아리며 독송한다? 제대로 된 독송이 될 수 있을까? 경전 공부를 할 때에는 한 글자 한 글자 그 뜻을 파악해야 하지만, 경전을 독송할 때에는 그 뜻을 헤아릴 것이 아니라 한 글자 한 글자에 집중하여 잡생각이 일어나지 않아야 한다. 모든 수행의 기본은 생각을 내려놓는 것이다. 그런데 경전을 독송하며 그 뜻을 헤아리고자 한다면 얼마나 많은 생각이 일어나겠는가.

15. '신묘장구대다라니' 독송과 '관세음보살' 염불 **113**

▲ 양양 낙산사 해수관세음보살

　몸으로 짓는 업, 입으로 짓는 업, 생각으로 짓는 업 가운데 제일 조절하기 힘든 업이 생각으로 짓는 업이다. 처음 신묘장구대다라니를 독송하는 사람들은 대부분 초집중하여 독송한다. 뜻도 알기 힘든 처음 보는 글이고, 자신이 알고 있는 문장 구조도 아니다. 온 집중력을 모으지 않으면 따라서 독송하기 힘들다. 그러나 숙달된 사람은 집중하지 않는 경우가 많다. 그때는 집중하여 눈과 입과 생각이 함께 독송하는 것이 아니라 입만 독송한다. 입으로는 열심히 독송하는데 생각은 저 멀리 집에 있는 불을 걱정하고 있다. 신구의身口意 삼업이 하나가 되어야 한다.

　'관세음보살, 관세음보살, 관세음보살' 염불도 마찬가지다. 신구의 삼업이 관세음보살과 하나가 되어야 한다. 그렇게 일심으로 삼업이 지극하게 되면, 기도하는 이가 생각하는 그 이상으로 관세음보살의 가피는 다가와 있다. 신묘장구대다라니를 비롯한 모든 경전 말씀도 그렇다. 일심으로 독경하다 보면, 이전에 알고 있던 그 이상의 경전의 진실한 뜻이 살아서 일어난다.

16
관세음보살이 전한
『반야심경』의
공덕

○ 『반야심경』경 이름 풀이

"마하반야바라밀다심경 관자재보살 행심반야바라밀다시 조견오
온개공….”

불교 의식에서 항상 외우는 『반야심경』이다. '관자재보살이 반야
바라밀다를 행할 때 오온이 모두 공함을 비추어 보고….'라고 풀이
한다. 이처럼 『반야심경』의 시작은 관자재보살, 즉 관세음보살로
시작한다. 그리고 어떤 경우 관세음보살을 외우는 것처럼 '마하반
야바라밀, 마하반야바라밀….'을 외운다.

고려대장경 등에 실린 이 경전 이름은 『반야바라밀다심경』이다.
그런데 독송할 때는 '위대하다', '크다'는 뜻의 '마하'를 붙여 '마하반야바라밀다심경'이라고 외운다. 그리고 줄여서 '반야심경般若心經', 또는 '심경心經'이라고 한다. 이때 심心은 마음이라는 뜻도 있지만 핵심이라는 뜻이 더 강하다.

반야바라밀다는 육바라밀다 가운데 하나다. 보통 육바라밀이라 한다. 보시바라밀, 지계바라밀, 인욕바라밀, 정진바라밀, 선정바라밀, 반야바라밀이다. 반야바라밀은 육바라밀 중에서도 매우 중요하다. 반야는 진리를 직관하는 지혜다. 이 지혜는 경험이나 사색을 통해 얻는 지식과 다르다. 반야란 진리의 세계, 만물의 참모습을 환히 비추어 보는 밝음이다.

'바라밀다'는 파라미타pāramitā를 음역한 것으로, '금강반야바라밀경'처럼 구마라집스님(343~413)은 '바라밀'이라 음역하였고, '반야바라밀다심경'처럼 현장스님(602~664)은 '바라밀다'로 음역하였다. '바라밀'이라고 많이 언급한다. 바라밀은 보통 '미혹의 이 언덕에서 깨달음의 저 언덕에 이르다(또는 건너다).'라는 뜻으로 도피안到彼岸, 도度 등으로 번역한다. 또는 완성, 성취, 최상 등으로 풀이한다.

바라밀이 수행이라는 측면에서 언급될 때에는 '저 언덕에 이른 상태'인 완성, 최상, 성취라는 의미보다는 '저 언덕에 이르게 하는' 방법으로 이해한다. 즉, 보시·지계·인욕·정진·선정·반야라는 육바라밀을 실천함으로써 깨달음을 이룬다고 이해할 때에는 바라밀은 완성이라기보다는 완성으로 가는 방법으로 이해한다.

반면에 바라밀을 '완전에 도달한 상태'로 풀이하는 경우가 있다. 바라밀에는 완성, 성취, 최상의 의미가 담겨 있기 때문이다. 이때 도피안은 '저 언덕으로 도달하는 과정'이 아니라 '저 언덕에 도달한 상태'라는 뜻이 된다. 이 상태는 반야에 의해 나타난 진리의 세계를 의미한다. 이는 번뇌에 의해 감추어진 우리의 본래 모습, 부처님 성품이다. 바라밀은 불성, 여래장 등의 동의어다. 이때 '마하반야바라밀'을 외우는 것은 스스로 가지고 있는 부처님 성품을 드러내고자 함이다. 그런데 이는 '관세음보살'을 외우면서 관세음보살의 가피를 구하는 것과 다르지 않다. 관세음보살의 가피나 부처님 성품의 드러남은 같기 때문이다.

따라서 '반야바라밀다심경'은 '반야바라밀다에 대한 핵심을 설한 경전', '부처님 가르침의 핵심인 반야바라밀다를 설한 경전', '반야바라밀다가 바로 핵심이라고 설하는 경전' 등의 풀이가 가능하다.

○ 『반야심경』 독송 가피와 관세음보살

『반야심경』에 대한 한문 번역본은 여러 가지가 있지만, 우리가 외우는 『반야심경』은 당나라 현장스님의 번역본이다. 그렇다면 왜 다른 번역본이 아닌 현장스님 번역본을 독송하는가. 이에 대해 현장스님과 관련된 관세음보살의 현현을 언급하기도 한다.

현장스님은 불교를 공부하고자 인도로 구법의 길에 오른다. 인도로 가는 도중에 어느 스님을 만난다. 그 스님으로부터 범어로 된 『반야심경』을 전해 받는다. 그 『반야심경』을 독송한 공덕으로 모든 고난을 이겨 내고 수많은 경전을 가지고 중국으로 돌아올 수 있었다. 그리고 이 범본 『반야심경』을 서경西京 대흥선사大興善寺 석벽 위에 적어 두었다. 이 이야기를 스님의 제자인 규기스님(632~682)이 『당범번대자음반야바라밀다심경병서唐梵飜對字音般若波羅蜜多心經幷序』라는 글을 지어 소개하였다.

『범본반야바라밀다심경』은 대당 삼장법사(현장스님)가 음역한 것이다. 삼장법사가 천축국에 유람하기로 뜻을 두었다. 길을 나서 여러 마을을 차례로 지나갔다. 공혜사空惠寺에 머물게 되었는데, 도량 안에서 병든 한 스님을 만났다. 안부를 묻고 갈 곳에 대해 대화를 나누었다. 이에 스님은 법사에게 힘들게 탄식하며 말하였다.

"법을 위하여 몸을 던진다니, 참으로 드문 일입니다. 그런데 오천축국은 멀어서 긴 여정입니다. 사막을 건너야 하고 파도도 심하고 물도 부족합니다. 바람이 일어나는 곳에는 변방의 풀을 움직여 사람을 슬프게 하고, 산귀신들이 울부짖을 때는 멸망하는 병사가 낙엽을 대하는 듯합니다. 아침에는 가파른 눈길을 걷고, 저녁에는 얼음 절벽에서 자야 합니다. 나무에 매달린 원숭이로 도깨비에 홀린 듯합니다. 총령蔥嶺에 겹쳐 있는 층층의 봉우리는 눈(雪)을 두른 것처럼 흰 구름이 둘러싸고, 축봉驚峰에 무리 지어 있는 나무들은 푸른 하늘에 빽빽하게 솟아 있습니다. 여정에 많은 고난이 있는데, 어떻게 가려고 합니까. 저에게 삼세의 모든 부처님께서 중요하게 여기는 핵심 법문(삼세제불심요법문 三世諸佛心要法門)이 있는데, 스님께서 만약 받아 지닌다면 가는 길을 지켜줄 것입니다."

스님은 삼장법사에게 범어로 된 경전을 구술하여 주었다. 새벽이 되자 그 스님은 사라졌다. 삼장법사는 짐을 챙기고 길을 나섰다. 당나라 국경에서 점점 멀어졌다. 혹은 도중에 재난을 만나거나 혹은 불공을 드릴 때 이를 기억하여 49편을 외웠다. 길을 잃으면 곧 변화로 나타난 사람(화인化人)이 이끌고, 음식을 생각하면 곧 번번이 음식이 나타났다. 정성스럽게 기도만 하면 모든 경우 도움을 받았다. 중천축국 마가다국 나란다사에 이르렀다. 경전이 있는 전각을 돌고 있는데, 홀연히 이전에 만났던 스님이 나타나 말하였다.

"험난한 여정을 지나고 이 나라에 기쁘게 도착하였다니, 제가 이전 중국에서 전한 삼세제불의 심요법문에 의지하였겠습니다. 이러한 내력과 같이 스님의 갈 길을 지켜줄 것입니다. 이 경을 지니면 스님 마음에 있는 소원을 만족하게 할 것입니다. 저는 관음보살입니다."

이 말을 마치고 공중으로 솟구쳐 올랐다.

▲ 순천 송광사 관음전

이미 기이하고 좋은 일이 나타났으니, 이 경전의 지극한 영험이다. 믿음이 반야다. □(글쓴이 주: 확인되지 않는 글자)는 성스러움의 핵심이다. 설한 대로 행하면 반드시 깨달음의 경계로 뛰어넘고, 여래의 뜻을 헤아림에 어찌 삼아승지겁을 지나겠는가. 여래의 경전을 외우면 능히 세 가지 장애를 소멸한다. 만약 사람이 정성스럽게 받아 지니면 이를 체득하여 알게 되니, 부지런히 행할지어다.

『당범번대자음반야바라밀다심경병서』

간단하게 정리하자면, 현장스님이 인도 구법 길에 힘든 일이 있을 때마다 『반야심경』을 독송한 공덕으로 무사하였다는 이야기다. 그런데 현장스님에게 그 『반야심경』을 들려주신 분이 바로 관음보살이다.

현재 현장스님이 한자의 음을 빌려서 범어 음으로 기록한 『범본반야바라밀다심경梵本般若波羅蜜多心經』이 있다. 이 경전 첫 부분에는 이런 말이 있다.

"관자재보살이 삼장법사 현장스님에게 직접 가르쳐 준 범본으로 윤색하지 않았다觀自在菩薩與三藏法師玄奘親教授梵本不潤色."

이러한 삼장법사 현장스님의 인도 구법기는 이후 삼장법사와 손오공이 등장하는 『서유기』라는 장편소설을 낳았다. 『서유기』에 관세음보살과 『반야심경』이 등장하는 이유다.

이처럼 현장스님이 번역한 『반야심경』을 독송하는 이유 중 하나가 현현하신 관세음보살의 가피와 관련되지 않을까.

17
—
**관세음보살의
가르침에 부처님이
함께하시다**

○ 경전 형식과 『반야심경』 번역본

경전의 구성은 첫머리를 '여시아문 일시불주○○ 여□□중如是我聞

一時佛住○○ 與□□衆(이와 같이 나는 들었다. 어느 때 부처님께서 ○○에

서 □□대중과 함께 계셨다.)'로 시작하여, 설법을 하신 뒤에, 마무리

를 '문불소설 개대환희 신수봉행聞佛所說 皆大歡喜 信受奉行(부처님께서

말씀하신 바를 듣고서 모두 크게 기뻐하며 믿고 받들어 행하였다.)'이라

든가 '개대환희 수지불어 작례이거皆大歡喜 受持佛語 作禮已去(모두 크게

기뻐하며 부처님 말씀을 받들고 예를 한 뒤 물러났다.)'라는 말로 끝맺

는 것이 보통이다.

　중국 동진東晉의 도안스님(314~385)은 경전의 구성은 서분序分·

정종분正宗分·유통분流通分의 3단으로 되어 있다고 하였다. 경전의 첫머리를 서분序分, 설법에 해당하는 본문을 정종분正宗分, 마무리를 유통분流通分이라고 한다.

우리가 독송하는 『반야심경』은 이러한 형식을 갖추지 않고 있다. 그런데 한역되어 전해지는 『반야심경』은 여럿 있는데 이 한역된 경전은 광본廣本과 약본略本 두 종류로 구분된다. 광본은 서분, 정종분, 유통분 등 경전의 형식을 갖추고 있지만, 약본은 서분과 유통분이 생략된 채 정종분만 갖추고 있다.

① 요진 구마라집스님: 마하반야바라밀대명주경 〈약본〉

② 당 현장스님: 반야바라밀다심경 〈약본〉

③ 마갈다국 법월스님: 보변지장반야바라밀다심경 〈광본〉

④ 계빈국 반야스님, 이언스님: 반야바라밀다심경 〈광본〉

⑤ 당 지혜륜스님: 반야바라밀다심경 〈광본〉

⑥ 당 법성스님: 반야바라밀다심경(돈황석실본) 〈광본〉

⑦ 송 시호스님: 불설성불모반야바라밀다경 〈광본〉

우리는 당나라 현장스님(602~664)의 번역본을 독송한다. 이는 제목까지 포함하여 270자 약본에 해당한다. 광본이든 약본이든 본문에 해당하는 정종분의 핵심 내용은 일치한다.

○ 반야스님·이언스님 공역 『반야바라밀다심경』

우선 계빈국 반야스님과 이언스님의 공역인 『반야바라밀다심경』
을 살펴보면 이렇다.

　　이와 같이 나는 들었다.

　　어느 때 부처님께서 왕사성 기사굴산(영축산) 가운데 큰 비구
대중 및 보살 대중과 함께 계셨다.

　　그때 부처님 세존께서는 '광대심심廣大甚深'이라는 삼매에 들
어가셨다.

　　이때 대중 가운데 '관자재'라는 보살마하살이 깊은 반야바라
밀다를 행할 때, 오온이 모두 공함을 비추어 보고 모든 괴로움을
떠났다.

　　이때 사리불(사리자)이 부처님의 위신력을 받들고 합장 공경
하면서 관자재보살마하살께 여쭈었다.

　　"선남자이시여! 만약 매우 깊은 반야바라밀다를 배우려고 하
는 이가 있다면, 어떻게 수행을 해야 합니까?"

　　이와 같이 묻자, 이때 관자재보살마하살이 장로 사리불에게
말하였다.

　　"사리자여, 만약 선남자 선여인이 매우 깊은 반야바라밀을 행
할 때는 마땅히 오온의 성품이 공함을 관觀하여야 한다.

　　사리자여! 색이 공과 다르지 않고, 공이 색과 다르지 않으며

▲ 천안 각원사 관세음보살, 석가모니, 관세음보살(왼쪽부터)

(색불이공色不異空 공불이색空不異色) … (독송『반야심경』과 거의 동일) … 이제 반야바라밀다주를 말하리라.

「아제 아제 바라아제 바라승아제 모지사바하」

이와 같이, 사리불이여! 모든 보살마하살이 매우 깊은 반야바라밀다를 행함에, 마땅히 이와 같이 행한다."

이렇게 말을 마치자, 그때 세존께서는 광대심심삼매로부터 일어나시어 관자재보살마하살을 칭찬하여 말씀하셨다.

"훌륭하고, 훌륭하도다. 선남자여! 그러하고 그러하다. 그대가 말한 바대로 매우 깊은 반야바라밀다의 행은 마땅히 이렇게 행하여야 한다. 이와 같이 행할 때 모든 여래가 모두 함께 따라서 기뻐하리라."

그때 세존께서 이렇게 말씀하시자 장로 사리불은 큰 기쁨으로 충만하였으며, 관자재보살마하살도 또한 크게 기뻐하였다. 그때 그 대중 집회에 모인 천, 인, 아수라, 건달바 등이 부처님의 말씀을 듣고 모두 크게 기뻐하면서 믿고 받들어 행하였다.

『반야바라밀다심경』

이 경전에서는, 부처님께서 광대심심삼매에 드셨을 때, 사리불 존자가 부처님의 위신력을 받들어 관자재보살에게 "만약 매우 깊은 반야바라밀다를 배우려고 하는 이가 있다면 어떻게 수행을 해야 합니까?"라고 묻고, 이에 관자재보살이 답변한다. 그리고 이후 삼매에서 일어난 세존께서 관자재보살을 칭찬하신다.

○ 법월스님 번역 『보변지장반야바라밀다심경』

반면, 다음 법월스님 번역의 『보변지장반야바라밀다심경』에서는 부처님의 허락을 받은 뒤에 관자재보살이 법을 설한다.

나는 이와 같이 들었다.

어느 때 부처님께서 왕사대성 영축산 가운데 큰 비구 대중 백천인과 보살마하살 7만7천인과 함께 계셨다. 그 이름은 관세음보살·문수사리보살·미륵보살 등이었다. 으뜸(상수上首)으로서 모두가 삼매와 총지를 증득하여 부사의不思議 해탈에 머물렀다.

이 때 관자재보살마하살이 그곳에 자리하고 앉아 있다가, 대중 가운데 자리에서 곧 일어나서 세존이 계신 곳으로 나아가 뵙고는 합장하고 절하며 공경스럽게 우러르면서 부처님께 아뢰었다.

"세존이시여, 제가 이 모임 가운데에서 모든 보살에게 넓고 두루한 지혜가 감추어진(보변지장普遍智藏) 반야바라밀다심을 말하고자 합니다. 오직 바라옵건대 세존이시여, 제가 설할 것을 허락하시어 여러 보살들을 위하여 비밀스런 법의 요점을 널리 펴게 해 주소서."

그때 세존께서 미묘한 범음으로 관자재보살에게 말씀하셨다.

"훌륭하고 훌륭하도다. 대비를 갖춘 이여! 큰 광명을 만들어 모든 중생들에게 말해 주는 것을 허락하노라."

이에 관자재보살마하살이 부처님의 허락을 받고 부처님의 보살핌(호념護念)에 의해 혜광삼매에 들었다. 이 정定에 들고 나서 삼매의 힘으로써 깊은 반야바라밀다를 행할 때 오온의 자성이 모두 공함을 비추어 보고, 오온의 자성이 모두 공함을 명료하게 알았다. 그 삼매에서 안온하게 머물다 깨어나서는 곧바로 혜명慧命 사리불에게 말했다.

"선남자여, 보살에게는 보변지장普遍智藏이라 이름하는 반야바라밀다심이 있다. 내가 마땅히 그대를 위하여 분별해서 설명하리니, 그대는 지금 자세히 듣고 잘 생각하여라."

이 말을 마치자, 혜명 사리불이 관자재보살마하살에게 말하였다.

"오직 크게 깨끗한 분이여, 바라옵건대 그것을 말씀해 주십시오. 지금이 바로 그때입니다."

이에 사리불에게 말했다

"모든 보살마하살은 마땅히 이와 같이 배워야 한다. 색성이 공이고, 공성이 색이다. 색이 공과 다르지 않고, 공이 색과 다르지 않으며(색불이공色不異空 공불이색空不異色) … (독송『반야심경』과 거의 동일) … 이제 반야바다밀다주를 말하리라.

「아제 아제 바라아제 바라승아제 모지사바하」"

부처님께서 이 경을 설하시자 여러 비구와 보살 대중, 일체세간의 천, 인, 아수라, 건달바 등은 부처님의 말씀을 듣고 모두 크게 기뻐하며 믿고 받들어 행하였다.

『보변지장반야바라밀다심경』

이 경전에서는, 관자재보살이 대중들에게 보변지장반야바라밀다심을 말하고자 부처님께 허락을 구한다. 부처님이 허락하시자 관자재보살은 혜광삼매에 든다. 이 삼매의 힘으로 깊은 반야바라밀다를 행할 때 오온의 자성이 모두 공함을 비추어 보고, 오온의 자성이 모두 공함을 명료하게 알았다. 그 삼매에서 깨어나서는 곧바로 혜명慧命 사리불을 위해 보변지장반야바라밀다심을 설한다.

여하튼『반야바라밀다심경』의 핵심은 바로 '관자재보살이 깊은 반야바라밀다를 행할 때 오온이 공한 것을 비추어 보고 온갖 고통에서 건넜다.'는 가르침이다. 이러한 가르침의 내용을 관자재보살이 대중에게 설하는데, 앞 경전에서는 관자재보살의 설법이 부처님의 위신력을 받은 사리불에 의해 시작되었다면, 뒤 경전에서는 부처님의 허락과 보살핌에 의해 시작되었다. 내용은 차이가 있지만, 모두 관자재보살(관세음보살)이 중생을 위해 자비를 베풂에 부처님이 함께하신다는 의미로 읽혀진다.

18
—
관세음보살, 오온이 공함을 비추어 보다

○ 깊은 반야바라밀다를 행할 때

『반야심경』의 핵심은 바로 '관자재보살이 깊은 반야바라밀다를 행할 때 오온이 공한 것을 비추어 보고 온갖 고통에서 건넜다.'는 가르침이다.

우리가 독송하는 『반야심경』은 약본略本이며, 경전의 형식을 갖춘 광본廣本『반야심경』에서는 좀 더 자세하게 이 내용을 언급한다. 가령, 계빈국 반야스님과 이언스님의 공역인 『반야바라밀다심경』에서는 이렇게 전개된다.

(앞부분 생략) 이때 대중 가운데 '관자재'라는 보살마하살이

깊은 반야바라밀다를 행할 때, 오온이 모두 공함을 비추어 보고 모든 괴로움을 떠났다.

이때 사리불(사리자)이 부처님의 위신력을 받들고 합장 공경하면서 관자재보살마하살께 여쭈었다.

"선남자이시여! 만약 매우 깊은 반야바라밀다를 배우려고 하는 이가 있다면, 어떻게 수행을 해야 합니까?"

이와 같이 묻자, 이때 관자재보살마하살이 장로 사리불에게 말하였다.

"사리자여, 만약 선남자 선여인이 매우 깊은 반야바라밀을 행할 때는 마땅히 오온의 성품이 공함을 관觀하여야 하느니라."(뒷부분 생략)

『반야바라밀다심경』

'반야'는 진리를 직관하는 지혜다. 이 지혜는 경험이나 사색을 통해 얻는 지식과 다르다. 반야란 진리의 세계, 만물의 참모습을 환히 비추어 보는 밝음이다.

앞서 언급한 것처럼 '바라밀다', '바라밀'은 파라미타paramita를 음역한 것으로, '바라밀'이라고 많이 이야기한다.

따라서 '반야바라밀을 행할 때'는 '반야바라밀이라는 수행을 행할 때' 또는 '반야바라밀이라는 최상의 경지를 행할 때' 또는 '완성된 반야바라밀을 행할 때' 등 다양한 해석이 가능하다. 여하튼 '최

상의 지혜를 행할 때' 또는 '최상의 지혜가 드러날 때' 등으로 이해
할 수 있다.

그때 '오온이 공함을 비추어 보고 온갖 고통에서 건넜다.'고 한
다. 그렇다면 '오온이 공하다(오온개공五蘊皆空).'는 무슨 뜻인가?
이 글에서는 그 뜻을 간략하게 살펴보고, 그 가르침과 관세음보살
명호를 부르며 염불하는 수행과 어떻게 연결되는지 살펴보고자
한다.

○ 세상은 내가 본 세상이다

불교에서 중요한 용어 가운데 하나가 법法이다. 범어(인도어)로는
'다르마'고, 한자로 음역하면 '달마'다. 이 법을 크게 세 가지 뜻으로
사용한다.

첫째는 진여, 진리를 말한다. 가령 법신불法身佛의 법이 이에 해당
한다. 법신불, 또는 법신은 진리 그 자체를 부처님으로 나타낸 것이
다. 진여 그 자체, 진리 그 자체의 부처님이다.

둘째는 부처님 가르침을 말한다. 불법승 삼보에서 법이 이에 해
당한다. 귀의법을 '거룩한 가르침에 귀의합니다.'라고 번역한다. 그
리고『예불문』가운데 달마야중에서 '달마'가 바로 부처님 가르침
에 해당하는 법이다.

셋째는 나에게 펼쳐진 삼라만상을 말한다. 기본 교리 가운데 제

법무아諸法無我에서 법이 이에 해당한다.

세 번째 경우의 법이 경전 등에서 가장 많이 사용되고 이해하기 어렵다. 오온개공 역시 이 법과 관련된다. 이때 법을 보통 존재, 현상, 인식현상, 삼라만상 등의 용어로 풀이한다. 그런데 필자는 '나에게 펼쳐진 삼라만상'이라고 표현한다. 법은 삼라만상 그 자체라기보다는 나에게 펼쳐진, 나에 의해 알려진, 내가 그렇게 인식한(이해한) 삼라만상이다.

말하자면 나에게 펼쳐진 삼라만상은 삼라만상 그 자체가 아니라 내가 그렇게 본 삼라만상이다. 우리는 삼라만상 그 자체 그대로 볼 수 없다. 이전에 내가 알고 있던 내용을 가지고 그 삼라만상을 보고, 듣고, 느끼고, 안다. 삼라만상 어느 것을 이야기하더라도 내가 보고, 듣고, 느끼고, 아는 삼라만상이다. 나의 인식을 빼고 어느 것도 이야기할 수 없다. 이야기하는 순간 바로 내가 인식한 삼라만상이다.

인식하지 않은 대상을 우리는 이야기할 수 없다. 그런데도 우리는 자신의 인식이 빠진 '그 대상 자체'를 이야기한다고 여긴다. 또는 우긴다. 이것을 우리는 객관적이라고 하며, 사실이라고 한다. 과연 그럴까.

개가 짖는다. 개 짖는 소리가 어떻게 들리는가? '멍멍.' 과연 개가 '멍멍'하고 짖었을까. 개가 멍멍 짖었다면 누구나 '멍멍'으로 들어야 한다. 그런데 미국 사람은 '바우와우'라고 듣는다. 같은 개 짖는 소리를 왜 각각 다르게 듣는가. 그것은 각각 다른 문화 환경에서 그렇게 알고 살아왔기 때문이다. 우리나라 사람은 개가 멍멍 짖는 줄 알고 살아왔고, 미국 사람은 바우와우 짖는다고 생각하면서 살아왔다. 둘 다 실제 개 짖는 소리가 아니다. 개가 짖는 순간, 우리가 알고 있던 소리가 실제 짖는 소리에 덧칠되어 '멍멍' 짖는다고 인식할 뿐이다.

'멍멍'이라는 개 짖는 소리는 개가 실제로 내는 소리가 아니라 내가 그렇게 인식한 개 짖는 소리다. 따라서 '멍멍으로 들린 개 짖는 소리'는 그 실체가 없다. 다른 삼라만상도 마찬가지다. 가령 지금 내 앞에 있는 컵은 물이 새지 않을 정도로 틈이 없지만, 전자 현미경으로 보면 텅 빈 공간이 많은 부분을 차지한다. 그렇다면 컵은 틈이 없다고 해야 하는가, 텅 빈 공간이 있다고 해야 하는가. 혹은 그 그릇을 컵이 아니라 꽃병으로 사용할 수도 있다. 그렇다면 그 그릇은 컵인가, 꽃병인가.

주어진 조건에 따라, 나의 입장에 따라 다르게 보인다. 삼라만상은 주어진 조건 속에서 내가 그렇게 인식한 삼라만상이다. '내가 인식한 삼라만상'(제법)이기에 그것이라고 할 자성이 없다(무아). 주어진 조건에서 드러날 뿐이다. 바로 제법무아의 가르침이다.

▲ 여주 신륵사의 나무에 나툰 관세음보살

○ 오온이 공함을 비추어 보다

그렇다면 삼라만상은 어떻게 나에게 펼쳐지는가? 이를 설명하는 가르침 가운데 하나가 오온五蘊이다. 오온은 불교 고유의 용어이기 때문에 일반인과 소통하는 언어로는 적당하지 않다. 그러나 부처님 말씀을 이해하기 위해서는 간단하게 이해할 필요는 있다.

오온은 다섯 가지 쌓임이라는 뜻이다. 다섯 가지가 쌓여서 나에게 삼라만상이 드러난다. 즉, '나에게 펼쳐진 삼라만상(법)'은 다섯 가지로 구성된다. 그 다섯 가지는 색온色蘊, 수온受蘊, 상온想蘊, 행온行蘊, 식온識蘊이다. 줄여서 색수상행식이라고 한다. 색은 대상(또는 대상의 성질), 수는 그 대상을 받아들이는 작용, 상은 받아들인 대상을 모습 짓는 작용, 행은 모습 지은 대상을 언어 등으로 조작하는 작용, 식은 최종적으로 그 대상을 분별하고 판단하는 작용이다.

개가 짖으면, 내가 알고 있던 멍멍이라는 개 짖는 소리가 실제 개 소리에 덧칠된다. 이때 그 덧칠된 멍멍 소리(색)를 받아들이고(수) 모습 짓고(상) 조작하고(행) 판단한다(식).

색에 대한 이해는 학자마다 다양한 의견이 있다. 필자는 색을 '대상에 대한 성질 또는 내용'으로 이해한다. 그러한 대상에 대한 성질과 내용은 지금 이전에 내가 알아 왔던 성질과 내용이다. 대상을 볼 때, '내가 알던 대상에 대한 내용(색)'을 가지고 여러 마음 작용(수상행식)으로 그 대상이 나에게 인식된다. 다시 말하면 나에게 펼쳐진 삼라만상은 삼라만상 그 자체가 아니다. 나의 선입견(대상에 대해 이미 알던 내용)으로 내가 인식한 삼라만상이다.

따라서 '대상에 대한 성질(색)'은 내가 알던 것으로 대상 자체가 아니니 실체가 아니고(공), 그것에 근거한 마음 작용(수상행식) 또한 실체가 될 수 없다. 당연히 색수상행식 오온으로 드러난 제법 또한 실체가 아니다. 이를 제법무아, 오온개공이라고 한다.

그럼에도 개가 멍멍 짖었다느니, 바우와우 짖었다느니, 컵이니 꽃병이니, 자기 말이 맞다고 우긴다.

어떻게 하면 '오온이 공함을 비추어 볼 수 있는가.' 그것은 '깊은 반야바라밀을 행할 때'이다. 반야바라밀은 모든 선입견을 내려놓을 때 가능하다. 모든 수행은 잡생각이 일어나지 않게 함을 기본 원리로 한다. 이를 통해 자신의 선입견, 집착 등을 내려놓게 되고 궁극에는 반야(지혜)로 가득하게 된다.

관세음보살 명호를 부르는 것도 마찬가지다. 간절한 마음으로 관세음보살 명호를 부를 때, 그 순간 잡생각은 일어날 수 없다. 그 순간이 지속된다면 지혜로 가득하게 된다. 그러나 중생인지라 입은 관세음보살을 부르는데 마음은 온갖 잡생각을 일으킨다. 관세음보살을 염하는 순간에도 머리로는 장편소설을 쓴다. 그럼에도 쉼 없이 관세음보살을 부른다면, 그 가운데 가피가 함께하고, 그 가피는 결국 지혜광명으로 나아간다. 조사스님께서 왜 관세음보살 염불을 강조하셨는지 한 번 생각해 볼 일이다.

19
관음 응신과
색즉시공
공즉시색

『반야심경』 중 유명한 구절 가운데 하나가 '색즉시공 공즉시색'이
다. 모든 경전 말씀이 그렇듯이, '색즉시공 공즉시색色即是空 空即是色'
또한 다양하게 풀이한다. 이 말씀을 관세음보살의 응신應身과 관련
하여 살펴보고자 한다. 응신이란 중생의 근기에 맞게 나타난 불보
살님을 말한다. 화신化身이라고도 한다.

　그런데 '색즉시공 공즉시색'이 관음 응신과 어떻게 연결되는지
의아할 이도 있다. 이 이야기는 이해하기 쉽지 않을 수 있지만, 불
교 교리 전체를 아우르는 내용이라 한 번은 언급할 필요가 있다.
필자 나름대로 최대한 쉽게 풀어 나가고자 하니 동참해 보시길 바
란다.

ㅇ 색즉시공, 분별을 내려놓아라

한 소년이 더운 여름날 친구 집에 놀러 가 세수를 하고 눈에 보이는 수건으로 얼굴을 닦았다. 장난꾸러기 친구는 그 광경을 지켜보다가 물었다. "얼굴 다 닦았나?" "응." "그거 걸레다." "⋯."

이 일화에서 그 천은 걸레인가, 수건인가. 수건이 필요한 소년에게는 수건으로 인식되었고, 걸레로 사용하던 친구에게는 걸레로 인식되었다. 즉 관계성 속에서 수건으로, 걸레로 드러났을 뿐, 그 천 자체가 수건이거나 걸레는 아니다. 그 천 자체가 수건이라면 누구에게나 수건으로, 걸레라면 걸레로 드러나야 한다. 그런데 그렇지 않았다. 그렇다고 그 천을 떠나서 수건이나 걸레가 있는 것은 아니다. 관계성 속에 이름할 뿐이다(연기緣起).

또 다른 예로, 언젠가 앞에 찻잔이 있고 그 밑에 찻잔 받침대가 있었다. 그런데 어느 날 그 받침대에 과일이 놓여 있었다. 나중에는 조그마한 화분 받침대로, 또 지나서는 재떨이로 사용하였다. 이때 이 그릇은 찻잔인가, 찻잔 받침대인가, 접시인가, 화분 받침대인가, 재떨이인가. 그 그릇 자체에는 이렇다 할 속성이 없다. 관계성에 의해 그렇게 이름할 뿐이다.

하나의 사물이 관계성에 의해 여러 가지 모습으로 나에게 드러난다. 이렇게 드러난 '수건', '걸레', '찻잔 받침대', '접시', '화분 받침대', '재떨이' 등이 바로 제법무아諸法無我할 때의 '법'이다. '수건'이라고 하자니 '걸레'로 사용한다고 한다. '찻잔 받침대'라고 하자니, '접시', '재떨이' 등으로 사용한다. 하나의 사물에 그것이라고 할 고정된 이름이 없다. 그것이라고 할 고정된 자성이 없다. 고정된 자성이 있다면 결코 여러 이름으로 나에게 펼쳐질 수 없다. 수건은 수건이어야 하고, 걸레는 걸레여야 한다. 그러나 그렇지 않다. 이것이 제법무아의 가르침이다.

그럼에도 수건이니, 걸레니, 찻잔 받침대니, 접시니, 화분 받침대니, 재떨이니, 자기 말이 맞다고 우긴다. 살아온 문화 속에서 개가 멍멍 또는 바우와우 짖는다고 여겨왔는데, 실제 개가 그렇게 짖는다고 우긴다. 우리의 모습이 그렇다. 자기가 살아온 사회, 역사, 문화 속에서 그렇게 알고 살아왔을 뿐, 실제 그렇지 않은데 말이다.

이처럼 우리는 지금까지 살아왔던 삶의 흔적을 근거로 지금 이 순간을 분별한다. 스스로 분별하여 본 세상인데도 세상 자체가 그렇다고 여긴다. 그리하여 자신이 본 세상이 맞다고 집착한다. 우물 안 개구리 신세를 벗어나지 못한다.

그러한 집착을 내려놓게 하고자, 스승들께서는 '분별하지 마라', '분별을 내려놓아라' 하신다.

○ 공즉시색, 다시 분별을 일으키다

그런데 생각해 보면, 우리는 분별하지 않고는 살 수 없지 않은가. 걸레는 걸레라고 해야 하고, 수건은 수건이라고 해야 하지 않는가.

▲ 봉화 관음사의 농부관세음보살

그리고 성인께서도 우리에게 가르침을 전해 주고자 할 때도 '걸레다', '수건이다' 분별해야 하지 않는가. 8만4천 법문이 다 분별이다.

이때 옛 스님의 말씀을 언급해 보자.

　　노승이 삼십 년 전 참선하기 전에는 산을 보면 산이었고, 물을 보면 물이었다.

　　그 뒤 훌륭한 선지식을 만나게 되어 선정에 들어가 보니, 산을 보아도 산이 아니었고, 물을 보아도 물이 아니었다.

　　그러나 이제 진실로 깨달음을 얻고 나니, 예전과 다름없이 산을 보면 단지 산이고, 물을 보면 단지 물이다.

『속전등록』 제22권, 청원 유신靑原 惟信선사 게송

참선하기 전에는 분별심으로 '산을 보면 산이었고, 물을 보면 물이었다.' 그리고 '산이다', '물이다' 분별하고 그것에 온갖 집착이 달라붙는다. 그 산이 어떻다는 둥 저 물이 어떻다는 둥, 온갖 생각이 이어진다. 선정에 들면 분별하는 마음 작용이 사라지고, 마음 작용으로 드러난 세상은 그것이라고 할 자성이 없으니, 굳이 표현하자면 '산을 보아도 산이 아니고, 물을 보아도 물이 아니다.' 그런데 산은 산이 아니고 물은 물이 아니라고 한다면, 이 세상과 함께할 수 없다. 여기서 한 걸음 더 나아가 진실로 깨달음을 얻게 되면, '산을 보아도 단지 산이고, 물을 보아도 단지 물이다.' 더 이상 군더더기가 붙지 않는다.

　다시 정리해보자. 분별심으로 보면 '산산 수수山山 水水'이다. 그 뒤 선정에 들어 분별심을 내려놓고 보면, '산비산 수비수山非山 水非水'이다. 그러나 진실로 깨닫고 보니 '산지산 수지수山只山, 水只水'이다. 이는 다음과 같이 간단하게 정리된다. 지只는 '단지, 다만'이라는 뜻이다.

　'산산 수수' → '산비산 수비수' → '산지산 수지수'

　이때 분별심, 무분별지(근본지, 실지), 무분별후득지(방편지, 권지)라는 용어가 필요하다. 이 용어는 매우 생소하겠지만, 불교 교리를 이해하는 중요한 용어다. 관음보살의 방편과 관련해서도 마찬가지로 필요한 용어다.

　가령 '산산 수수'가 분별심이라면, '산비산 수비수'는 분별을 내려놓은 자리, 이를 무분별지無分別智라고 하고, '산지산 수지수'는 무분별지를 얻은 다음에 얻게 되는 지혜라고 하여 무분별후득지無分別後得智라고 한다. 무분별지의 상태에서는 일체 분별이 사라졌기 때문에 눈을 감은 것과 같다고 하였다. 분별이 없으니, 그런 상태에서는 중생을 위해 법을 설할 수가 없다. 따라서 다시 중생에 대한 자비심으로 또다시 분별을 일으켜 산은 산이고 물은 물이라고 이름한다.

무분별지는 일체 분별이 사라지고 진여眞如와 하나가 되었기에 근본지根本智(실지實智)라 하고, 무분별후득지는 중생을 위해 방편으로 마음 작용을 일으키므로 방편지方便智(권지權智)라고 한다.

○ 색즉시공 공즉시색과 관음 응신

『반야심경』의 '색즉시공 공즉시색'도 같은 맥락에서 이해할 수 있다. '색즉시공'에서 색은 분별로 드러난다. 그러므로 색은 그것이라고 할 자성이 없기 때문에 공이다. 공은 분별이 사라진 자리다. 다시 중생을 위한 방편으로 분별을 일으킨다. '공즉시색'의 색은 방편에 해당된다. 따라서 앞서 '산산 수수', '산지산 수지수'처럼 색즉시공의 색과 공즉시색의 색은 다른 색이다. 이때 색즉시공은 무분별지(근본지), 공즉시색은 무분별후득지(방편지)를 나타낸다.

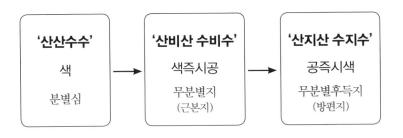

우리에게 응해주신 불보살님은 바로 중생을 제도하기 위해 방편으로 오신 분이다. 불보살님의 입장에서 볼 때, 방편은 공즉시색에

해당한다. 중생에 대한 자비심 때문에 분별없는 그 자리(무분별지)에서 다시 마음을 일으켜 다양한 방편(무분별후득지)을 펼치신다. 중생의 근기가 다양하기에 그에 맞게끔 다양한 응신으로 오신다. 부처님으로 제도할 이에게는 부처님으로, 하늘신으로 제도할 이에게는 하늘신으로, 스님의 모습으로 제도할 이에게는 스님의 모습으로, 어린아이의 모습으로 제도할 이에게는 어린아이의 모습으로 말이다. 관세음보살 또한 우리에게 다양한 방편(보문普門)을 보인다 (시현示現).

20
—
**관세음보살의
보처,
선재동자**

○ 관세음보살과 선재동자의 인연

관음전이나 관음탱화를 보면, 관세음보살 좌우로 선재동자와 해상
용왕이 자리하는 경우가 있다. 이 두 분을 관세음보살의 보처라고
한다. 보처補處는 주된 불보살님 좌우에 모신 분을 말한다. 어떤 경
우에는 관세음보살 중심으로 좌측에 선재동자, 우측에 해상용왕이
자리하고, 혹은 어떤 경우에는 반대로 좌측에 해상용왕, 우측에 선
재동자가 자리한다. 탱화나 벽화에는 선재동자만 관세음보살 오른
쪽 아래에 위치하는 경우가 특히 많다.

이러한 배치는 『화엄경』 「입법계품」 가르침에 의거한다. 『화엄
경』의 한역본으로는 60권, 80권, 40권 등이 있다. 각각 『60화엄

경』, 『80화엄경』, 『40화엄경』으로 부른다. 『40화엄경』은 「입법계품」만 별도로 번역한 경전이다. '입법계入法界'란 '부처님 세계, 진리의 세계(법계)'에 들어간다(입)는 뜻이다. 즉, 보살행을 배우고 닦아 부처님 세계에 들어간다는 뜻이다.

『화엄경』 「입법계품」에 의하면, 관세음보살은 바다에 위치한 보타락가산에 머문다. 이처럼 보타락가산의 위치 때문에 해상용왕이 관세음보살의 보처로 자리한 것으로 보인다. 『40화엄경』에서는 관자재보살이 "하늘과 용왕이며, 아수라 대중, 긴나라와 가루라왕, 나찰 무리, 이러한 권속들에 둘러싸이어" 항상 자비법문을 연설한다. 이러한 여러 권속 가운데 '바다' 하면 자연스럽게 용왕이 생각난다. 관세음보살을 모시는 사람들 마음에도 그랬을 것이다. 그리하여 바다의 주인인 해상용왕이 관세음보살을 보위하는 신장으로 자리하였으리라.

선재동자는 『화엄경』 「입법계품」의 주인공이다. 남쪽으로 순례하며 여러 선지식을 만나 가르침을 받는다. 남쪽으로 순례하므로 남순동자南巡童子라고도 한다. 선지식善知識은 부처님 가르침으로 나아가게 하는 훌륭한 스승, 훌륭한 벗을 말한다. 선재동자가 만나게 된 그 여러 선지식 가운데 한 분이 바로 관자재보살(관세음보살)이다. 이 인연으로 관음전에는 관세음보살 보처로 선재동자가 자리한다.

선재善財라는 이름도 재밌다. 선재동자가 태 속에 있을 때나 태어나서나 집안에 재산이 저절로 생겨났다고 해서 지은 이름이다.

또 선재를 살펴보았다. 무슨 인연으로 그런 이름을 지었는가. 이 동자가 처음 태胎에 들었을 때 그 집안에 칠보로 된 누각이 저절로 생겼다. 누각 밑에는 묻혀 있는 일곱 개의 창고가 있었다. 그 창고 위에는 땅이 저절로 갈라져 칠보의 싹이 생겨났다. 말하자면 금·은·유리·파려·진주·자거·마노다.

선재동자는 열 달 동안 태에 있다가 태어났다. 몸과 팔다리를 단정하게 갖추었다. 가로와 세로, 높이가 각각 7척이 되는 그 일곱 개의 큰 창고는 땅에서 솟아오르니 광명이 찬란하였다.

또 집안에는 500개의 보배그릇이 저절로 있고, 갖가지 물건이 저절로 가득하였다. 말하자면, 금강그릇에는 모든 향이 가득하고, 향그릇에는 갖가지 옷이 가득하고, 옥그릇에는 갖가지 맛좋은 음식이 가득하고, 마니그릇에는 갖가지 기이한 보배가 가득하고, 금그릇에는 은이 가득하고, 은그릇에는 금이 가득하고, 금은그릇에는 유리와 마니보배가 가득하고, 파려그릇에는 자거가 가득하고, 자거그릇에는 파려가 가득하고, 마노그릇에는 진주가 가득하고, 진주그릇에는 마노가 가득하고, 불마니그릇에는 물마니가 가득하고, 물마니그릇에는 불마니가 가득하였다.

이러한 5백 보배그릇이 저절로 나왔다. 또 여러 보배와 많은 재물이 비처럼 내려 온갖 창고에 가득하였다.

(문수보살은) 이러한 일 때문에 부모와 친척, 그리고 관상가들이 이 아이의 이름을 선재라고 부른 줄을 알았다.

▲ 부안 내소사 천수천안관세음보살

　또 (문수보살은) 이 동자가 과거의 여러 부처님께 공양하며 선근을 많이 심었고, 믿고 이해함이 광대하여 여러 선지식을 항상 가까이 하며, 몸과 말과 뜻으로 짓는 일(신업身業, 구업口業, 의업意業)에 허물이 없고, 보살도菩薩道를 깨끗이 하며, 일체지一切智를 구하여 불법佛法의 그릇을 이루고, 마음은 청정하여 허공과 같고, 보리에 회향하여 장애가 없는 줄을 알았다.

『80화엄경』제62권 「입법계품」

○ 53선지식을 찾아가는 선재동자

「입법계품」은 근본법회와 지말법회로 구성된다. 근본법회는 부처님께서 사위국 기수급고독원 대장엄중각에서 사자빈신삼매에 드신 후 설법하시는 내용이다. 이때 여러 대중이 함께 하는데, 보현보살과 문수보살이 상수上首(우두머리)다. 지말법회는 그 자리에 있던 문수보살이 부처님께 공양올리고는 남쪽으로 인간 세상을 향하는 것으로부터 시작된다. 이때 문수보살을 친견한 선재동자의 구법 여행이 지말법회의 내용이다.

문수보살이 점점 남쪽으로 가면서 인간 세상을 지나다가 복성福城의 동쪽 장엄당사라숲에 머물렀다. 이곳은 옛적에 부처님들이 중생을 교화하던 곳이다. 문수보살이 이곳에서 '법계를 두루 비추는 수다라(경전)'를 말씀하셨다. 이때 그곳으로 복성 사람들이 모여들었다. 그 가운데 한 사람이 바로 선재동자다. 문수보살은 앞서 언급한, 선재라 이름 붙인 이유와 근기 등을 관찰하고는 선재동자와 대중들을 위해 설법하셨다. 그리고 선재동자와 문수보살의 문답이 오고간다.

이 때 선재동자는 문수보살로부터 부처님의 이런 여러 가지 공덕을 듣고 한결같은 마음으로 아뇩다라삼약삼보리를 구하고자 하였다. 그리고 문수보살을 따라서 게송을 말하였다.

… 〈가르침을 청함〉

이때 문수보살은 코끼리가 돌듯이 선재동자를 보고 이렇게 말하였다.

"훌륭하고, 훌륭하다. 선남자여, 그대는 이미 아뇩다라삼약삼보리심을 내었고, 또 선지식을 가까이하여 보살행을 물으며 보살도를 닦으려 하는구나. 선남자여, 여러 선지식을 친근하고 공양함은 일체지—切智를 구족하는 첫째 인연이다. 그러므로 이 일에는 고달픈 생각을 내지 말라."

선재동자가 여쭈었다.

"오직 원하옵니다, 거룩하신 이여. 저를 위하여 자세히 말씀하여 주소서. 보살은 어떻게 보살행을 배우며, 어떻게 보살행을 닦으며, 어떻게 보살행에 나아가며, 어떻게 보살행을 행하며, 어떻게 보살행을 깨끗이 하며, 어떻게 보살행에 들어가며, 어떻게 보살행을 성취하며, 어떻게 보살행을 따라가며, 어떻게 보살행을 생각하며, 어떻게 보살행을 더 넓히며, 어떻게 보현의 행을 빨리 원만하게 합니까?"…

그 때 문수보살이 이 게송을 설하고, 선재동자에게 말하였다.

"훌륭하다. 선남자여, 그대가 이미 아뇩다라삼약삼보리심을 내고서 보살행을 구하는구나. 선남자여, 만약 어떤 중생이 아뇩다라삼약삼보리심을 낸다면, 이 일은 매우 어려운 것이다. 그런데 마음을 내고서 또 보살행을 구하는 것은 다시 배나 어려운 일이다. 선남자여, 온갖 지혜를 성취하고자 한다면, 반드시 선지식을 찾아야 한다. 선남자여, 선지식을 찾는 일에 고달프고 게으른 생각을 내지 말고, 선지식을 보고는 만족한 마음을 내지 말고, 선지식의 가르치는 말씀을 그대로 순종하고, 선지식의 교묘한 방편에 허물을 보지 말라.

선남자여, 여기서 남쪽으로 가면 승락勝樂이라는 나라가 있고, 그 나라에 묘봉妙峯이라는 산이 있다. 그 산중에 덕운德雲이라 이름하는 비구가 있다. 그대는 그에게 가서 물어라. '보살이 어떻게 보살행을 배우며, 보살이 어떻게 보살행을 닦으며, 내지 보살이 어떻게 보현의 행을 빨리 원만하게 합니까.' 그 덕운 비구는 자세히 말해 주리라."

그때 선재동자는 이 말을 듣고 기뻐하며 뛰었다. 문수보살의 발에 엎드려 절하고 수없이 돌고 은근하게 우러러 보았다. 선재동자는 눈물을 흘리며 하직하고 남쪽으로 떠났다.

『80화엄경』 제62권 「입법계품」

이처럼 선재동자는 문수보살이 알려 준 덕운비구를 찾아가 가르침을 구하고, 덕운비구가 알려 준 해운비구를 찾아가 가르침을 구하고 … 비슬지라거사가 알려준 관자재보살을 찾아가 가르침을 구하고, 관자재보살이 알려준 정취보살을 찾아가 가르침을 구한다. … 미륵보살, 문수보살, 마지막 보현보살로부터 가르침을 구한다.

선재동자는 문수보살의 가르침을 시작으로 구법 여행을 떠나

53선지식을 비롯한 여러 선지식을 친견한다. 그리고 선지식으로부터 보살도를 배우고 보현보살의 행과 원을 성취함으로써 법계(부처님 세계, 진리의 세계)에 들어가게 된다.

21
선지식
관세음보살을
만난 행복

ㅇ 선지식은 수행의 전부

사찰에서는 가끔 "53선지식을 찾아서"라는 큰 주제 아래 여러 법
사를 모시고 법회를 연다. 53선지식은 『화엄경』 「입법계품」과 관련
된다. 선지식善知識은 부처님 가르침으로 나아가게 하는 훌륭한 스
승, 훌륭한 벗을 말한다. 『화엄경』 「입법계품」에서는 선재동자가 문
수보살의 가르침을 듣고 53선지식을 비롯한 수많은 선지식을 만나
보살도를 배우고 보현보살의 행과 원을 성취함으로써 법계(부처님
세계, 진리의 세계)에 들어가게 된다(입법계入法界).

어느 스님께서 말씀하셨다.

"이 세상 사람 중에 가장 복된 사람은 삼도가 함께하는 사람이다. 삼도란 무엇인가? 첫째, 올바른 가르침 속에 수행할 수 있는 도량道場이다. 둘째, 올바른 가르침 아래 함께 길을 가는 도반道伴이다. 셋째, 올바른 가르침으로 이끌어 주는 도사導師이다. 이 세 가지를 갖춘 사람은 복되고도 복된 사람이다. 복을 구하고자 한다면, 이러한 세 가지 도를 갖출 수 있는 복을 구하도록 하라."

도량道場, 도반道伴, 도사導師 이 삼도는 드러난 모습으로 보면 세 가지이지만, 그 바탕에는 '올바른 가르침' 하나로 귀결된다. 올바른 가르침 속에 수행할 수 있는 도량', '올바른 가르침 아래 함께 길을 가는 도반', '올바른 가르침으로 이끌어 주는 도사'라고 하였으니, 그 바탕은 바로 '올바른 가르침'이다. 그런데, 그 가르침은 사람을 통해 드러난다. 결국 우리에게는 사람의 문제다. 따라서 올바른 가르침을 전해주는 이를 선지식이라고 한다.

(해당비구의 가르침을 듣고 하직하며 물러났다.)
그때 선재동자는 선지식의 힘을 입고, 선지식의 가르침에 의지하고, 선지식의 말씀을 생각하고, 선지식에 대해 깊이 사랑하는 마음을 내고, 이렇게 생각하여 말하였다.
"선지식이 나로 하여금 부처님을 뵙게 하고, 선지식이 나로 하여금 법을 듣게 하였다. 선지식은 나의 스승이다. 나에게 모든 부처님의 법을 보여주고 이끌기 때문이다. 선지식은 나의 눈이다. 나로 하여금 허공처럼 부처님을 보게 하기 때문이다. 선지식은 나룻목이다. 나로 하여금 모든 부처님 여래의 연못에 들어갈 수 있게 하기 때문이다."

『80화엄경』 제64권 「입법계품」

선지식, 올바른 스승은 부처님의 가르침을 배우고 실천함에 참으로 중요하다. 스승이 어떻게 길을 안내해 주는가에 따라 결과는 하늘과 땅 차이다. 따라서 참된 스승과 함께한다는 것은 보통 복이 아니다. 그렇기 때문에 부처님께서는 선지식은 수행의 전부라고 하신다.

아난이 세존께 여쭈었다.

"세존이시여, 우리들이 한곳에서 선정에 들어 이렇게 생각하였습니다. '범행의 절반은 이른바 선지식·착한 벗·착한 일을 따르는 것이요, 악지식·나쁜 벗·나쁜 일을 따르는 것이 아니다.'"

세존께서 말씀하셨다.

"범행의 절반이라고 말하지 말라. 왜냐하면, 순수하고 원만하며 깨끗하고 맑은 범행은 이른바 선지식·착한 벗·착한 일을 따르는 것이요, 악지식·나쁜 벗·나쁜 일을 따르는 것이 아니기 때문이다."

『잡아함경』 제27권(726경) 「선지식경」

○ 선지식을 섣불리 판단하지 마라

'참된 스승이 수행의 전부'라고 하는 말은 그만큼 참된 스승을 만나기란 힘들다는 뜻이다. 그리고 그 스승이 참된 스승인지 아닌지 판단하기도 힘들다. 드러난 모습이 다 그 사람을 나타내는 것이 아니기에 조심스럽다.

『금강경』에는 바깥 모습(32상相)을 통해 여래를 본다고 한다면, 32상이 있는 전륜성왕도 여래가 되니, 바깥 모습으로 판단할 수 없음을 강조한다. 그리고 게송이 이어진다.

> 약이색견아若以色見我 만약 외부 모습으로 나를 본다거나
>
> 이음성구아以音聲求我 음성으로 나를 구하고자 한다면
>
> 시인행사도是人行邪道 이 사람은 그릇된 도를 행함이라
>
> 불능견여래不能見如來 능히 여래를 보지 못하느니라.
>
> 『금강경』「제6법신비상분」

중생 입장으로서는 스승을 알 수 있는 방법이 겨우 겉모습인데, 이것도 아니라고 한다. 그러면서도 계속 선지식을 강조한다. 마치 몸에 병이 있는데 구하기 힘든 약을 처방받은 것과 같다. 참으로 힘들고 힘들다. 어떤 경우 악지식으로 오해할 수 있는 경우도 있고, 어떤 경우 선지식으로 잘못 아는 경우도 있다. 악지식이든 선지식이든 섣불리 판단하지 말아야 한다. 선재동자 역시 선지식인지 악

지식인지 혼동하는 경우가 있었다.

선재동자가 무염족왕을 만날 때이다.

무염족왕이 죄인들을 죄에 따라서 형벌을 주고 있었다. 손과 발을 끊기도 하고, 귀와 코를 베기도 하고, 눈도 뽑고 머리도 찍고, 가죽을 벗기고 몸을 절단하고, 끓는 물에 삶고, 타는 불에 지지고, 높은 산에 끌고 올라가서 밀어 떨어뜨리는 등, 이런 고통이 한량없었다. 마치 지옥과도 같았다.

이 광경을 본 선재동자는 생각하였다.

'나는 모든 중생을 이롭게 하고자 보살행을 구하고 보살도를 닦는다. 그런데 이 왕은 선한 법이 하나도 없고 큰 죄업을 지으며, 중생을 괴롭혀 생명을 빼앗으면서도 미래의 악도惡道을 두려워하지 않는다. 어떻게 여기서 법을 구하며 대비심을 내어 중생을 구호하겠는가.' …

무염족왕이 말하였다.

"나의 국토에 있는 중생들이 살생하고 훔치고 나아가 그릇된 견해를 가진 이가 많아서, 다른 방편으로는 그들의 나쁜 업을 버리게 할 수가 없다. 나는 저런 중생을 다스리기 위하여 악인을 변화로써 만들어(화작化作) 여러 죄업을 짓고 여러 가지 괴로움을 받게 하고, 저 나쁜 짓하는 중생으로 하여금 이것을 보게 하였다. 보고 나서 마음에 무서워하고, 싫어하고, 겁을 내게 하여 모든 악업을 끊고 아뇩다라삼먁삼보리심을 내게 하는 것이다.

▲ 창녕 관룡사의 관세음보살과 선재동자

나는 이렇게 교묘한 방편으로 중생으로 하여금 열 가지 나쁜 업
을 버리고 열 가지 착한 도를 행하여 마침내 즐겁고 마침내 편
안하고 마침내 일체지—切智의 지위에 머물게 하려는 것이다."

『80화엄경』 제66권 「입법계품」

무염족왕은 실제 사람에게 형벌을 가한 것이 아니라 신통으로 악
인을 만들어 형벌을 주는 교묘한 방편을 쓴 것이다. 일종의 연극이
다. 이로써 나쁜 짓을 하는 백성이 경각심을 가지고, 나아가 열 가지
악한 일을 버리고 열 가지 착한 도를 행하여 마침내 깨달음을 얻게

하고자 함이다. 참으로 교묘한 방편이다. 그러므로 선재동자가 선지식을 찾아가기 전에 문수보살은 이렇게 말하였다.

"선남자여, 온갖 지혜의 지혜를 성취하고자 한다면, 반드시 선지식을 찾아야 한다. 선남자여, 선지식을 찾는 일에 고달프고 게으른 생각을 내지 말고, 선지식을 보고는 만족한 마음을 내지 말고, 선지식의 가르치는 말씀을 그대로 순종하고, 선지식의 교묘한 방편에 허물을 보지 말라."

『80화엄경』 제62권 「입법계품」

참으로 선지식을 가까이 한다는 것은 어렵고도 어렵다. 그런데 지금 우리의 모습을 보자. 청정한 도량에서 좋은 스승과 좋은 벗과 더불어, 참된 선지식인 관세음보살을 모시고 있지 않은가. 이 얼마나 행복하고 행복한 일인가.

선재동자는 보타락가산에서 설법하는 관세음보살을 친견하면서 이렇게 생각하였다.

'선지식은 곧 여래如來다. 선지식은 모든 법의 구름(법운法雲)이다. 선지식은 모든 공덕의 창고(공덕장功德藏)다. 선지식은 만나기 어렵다. 선지식은 열 가지 힘의 보배로운 원인이다. 선지식은 다함없는 지혜의 횃불이다. 선지식은 복덕의 뿌리이자 싹이

다. 선지식은 일체지─切智로 가는 문이다. 선지식은 지혜의 바다
를 이끄는 스승이다. 선지식은 일체지─切智에 이르도록 수행을
도와주는 도구다.'

『80화엄경』 제68권 「입법계품」

22
53선지식이
곧
관세음보살

『화엄경』「입법계품」은 선재동자가 문수보살을 친견한 이래 관세음보살을 비롯한 여러 선지식을 뵙고 가르침을 구하는 여정을 담고 있다. 그렇게 선재동자에게 가르침을 준 선지식은 너무도 다양하다. 보통 53선지식이라고 하지만, 경전에 의하면 선재동자는 헤아릴 수 없는 많은 선지식으로부터 가르침을 받았다.

○ 53선지식은 누구 누구인가

『화엄경약찬게』에는 53선지식의 이름이 등장한다. 참고로 『화엄경 약찬게』는 『80화엄경』을 간략하게 찬탄한 게송이다. 그 이름을 갖춰 말하면 『대방광불화엄경 용수보살 약찬게』고, 더 줄여서 『약찬게』라고 한다. 현재 사찰에서 널리 독송하는 염불문 중 하나다. 그 가운데 다음과 같이 53선지식의 이름이 게송으로 연결된다.

선재동자선지식 문수사리최제일善財童子善知識 文殊舍利最第一

덕운해운선주승 미가해탈여해당德雲海運善住僧 彌伽解脫與海幢

…

비슬지라거사인 관자재존여정취毘瑟祇羅居士人 觀自在尊與正趣

…

최적정바라문자 덕생동자유덕녀最寂靜婆羅聞者 德生童子有德女

미륵보살문수등 보현보살미진중彌勒菩薩文殊等 普賢菩薩微塵衆

『화엄경약찬게』

언급된 53선지식 등을 순서대로 열거하면 이렇다.

문수보살, 덕운비구, 해운비구, 선주비구, 미가장자, 해탈장자, 해당비구, 휴사우바이, 비목구사선인, 승열바라문, 자행동녀, 선견비구, 자재주동자, 구족우바이, 명지거사, 법보계장자, 보안장자, 무염족왕, 대광왕, 부동우바이, 변행외도, 우바라화장자, 바시라뱃사공, 무상승장자, 사자빈신비구니, 바수밀다여인, 비실지라거사, 관자재보살, 정취보살, 대천신大天神, 안주주지신安住主地神, 바산바연저주야신主夜神, 보덕정광주야신, 희목관찰중생주야신, 보구중생묘덕주야신, 적정음해주야신, 수호일체성증장위력주야신, 개부일체수화주

▲ 속리산 법주사 선재동자

야신, 대원정진력구호일체중생주야신, 묘덕원만신, 구바여인, 마야부인, 천주광왕녀, 변우동자선생, 선지중예동자, 현승우바이, 견고해탈장자, 묘월장자, 무승군장자, 최적정바라문, 덕생동자, 유덕동녀, 미륵보살, 문수보살, 보현보살 등 티끌 같이 많은 대중.

이처럼 선재동자는 문수보살을 제일로 하여 53선지식을 비롯하여 수많은 선지식으로부터 가르침을 받고 따라서 마침내 해탈문에 이루는데 그 선지식이 참으로 다양하다. 즉 선재동자는 보살, 비구, 비구니, 우바이, 장자, 거사, 천신天神, 신神, 천녀天女, 바라문, 선인仙人, 왕, 선생(師), 동자童子, 동녀童女, 뱃사공, 외도, 유녀遊女, 태자의 부인, 태자의 어머니 등의 선지식을 만난다.

보살 5분: 문수보살, 관음보살, 정취보살, 미륵보살, 보현보살

비구 5분: 덕운비구, 해운비구, 선주비구, 해당비구, 선견비구

비구니 1분: 사자빈신비구니

우바이 4분: 휴사우바이, 구족우바이, 부동우바이, 현승우바이

장자 9분: 미가장자, 해탈장자, 법보계장자, 보안장자, 우바라화장자, 무상승장자, 견고해탈장자, 묘월장자, 무승군장자

거사 2분: 명지거사, 비실지라거사

천신 1분: 대천신

신 10분: 안주주지신, 바산바연지주야신, 보덕정광주야신, 희목관찰중생주야신, 보구중생묘덕주야신, 적정음해주야신, 수호일체

성증장위력주야신, 개부일체수화주야신, 대원정진력구호일체중생
주야신, 묘덕원만신

　천녀 1분: 천주광왕녀(33천왕의 딸)

　바라문 2분: 승열바라문, 최적정바라문

　선인 1분: 비목구사선인

　왕 2분: 무염족왕, 대광왕

　선생 1분: 변우동자선생

　동자 3분: 자재주동자, 선지중예동자, 덕생동자

　동녀 2분: 자행동녀, 유덕동녀

　뱃사공 1분: 바시라뱃사공

　외도 1분: 변행외도

　유녀 1분: 바수밀다여인

　태자의 부인 1분: 구바여인

　태자의 어머니 1분: 마야부인

　우바이는 여자 신도로 청신녀淸信女라 번역한다. 장자는 재력과
덕망을 갖춘 이로서 지역 유지에 해당한다. 거사는 불교에 대한 소
양과 덕망이 높은 이로 출가하지 않은 이를 말한다. 외도外道는 부
처님 가르침 이외의 가르침을 배우는 이를 말한다. 동자와 동녀는
어린아이를 말한다. 유녀는 기생이라고 보면 된다.

○ 선지식은 우리 주위에 있는 이들이다

이러한 선지식은 각각 자신의 위치와 상황에서 가르침을 준다. 보살은 보살의 위치에서, 신은 신의 위치에서, 특히 장자, 뱃사공, 동자, 유녀 등의 가르침이 흥미롭다. 향을 파는 우바라화장자는 향의 종류를 언급하며 가르침을 주고, 바시라뱃사공은 배와 바다와 관련하여 가르침을 주고, 모든 예술을 잘 아는(선지중예善知衆藝) 동자는 예술을 통해서 가르침을 주고, 유녀는 욕망으로 찾아온 이들에게 삼매를 얻게 했다고 언급하면서 가르침을 준다. 그리고 변우동자선생은 별다른 가르침 없이 단지 다른 선지식을 소개할 뿐이다. 따라서 우리의 일상생활 속에서 좋은 도량, 도사, 도반을 소개해 주는 이도 선지식이다.

선재동자가 만나는 여러 선지식은 대부분 그냥 우리 주위에 있는 이들이다. 그리고 그러한 선지식은 53분에 그치지 않는다. 선재동자는 미륵보살을 만나기 전에도 110분의 선지식을 만났고, 다시 문수보살을 만나고 나서 보현보살을 만나기 전까지 삼천대천세계 티끌 수의 선지식을 만났다. 선재동자는 그 모든 선지식을 가까이하며 공경하여 받들어 섬기고, 선지식의 가르침을 받고 거스르지 않았다(『80화엄경』 제80권). 따라서 『약찬게』에서 '미진중微塵衆'이라는 의미가 드러난다.

삼천대천三千大千세계는, 지금으로 말하면, 대략 10억 개의 태양계를 말한다. 그 10억 개의 태양계를 티끌로 만들 때, 그 티끌 수가 삼천대천세계의 티끌 수이다. 삼천대천세계 티끌 수의 선지식이라고 하니, 이는 주위에서 만나는 사람이 모두 선지식이라는 가르침이다. 선재동자가 만나는 선지식은 대부분 그냥 우리 주위에 있는 이들이니 말이다.

따라서 여기에는 선지식에 대해 선입견을 가지지 말라는 가르침이 있다. 자신의 선입견으로 선지식을 놓칠 수 있기 때문이다. 관세음보살이 다양한 모습으로 우리를 제도하듯이, 모든 이들이 관세음보살이고 선지식이다. 단지 선입견 때문에 알지 못할 뿐. 53선지식은 모두 이미 해탈한 이들이다. 단지 우리 중생을 위해 그런 모습으로 나타났을 뿐이다. 가령 유녀가 다음과 같이 말하였다.

> "선남자여, 나는 탐욕의 경계를 떠났다고 이름하는 보살의 해탈을 얻었다. 그 욕망에 따라 몸을 나타낸다. 만약 하늘이 나를 보면 나는 천녀가 되어 형태와 빛깔이 뛰어나서 비교할 수 없다. 이와 같이 나아가 인비인人非人 등이 나를 보면 나는 인비인의 여자로 나타난다. … 만약 어떤 중생이 욕망에 얽매여 나에게 오면, 나는 설법한다. 그는 설법을 듣고서 곧 탐욕을 떠나 '보살이 경계에 집착하지 않는 삼매'를 얻는다."

『80화엄경』 제68권 「입법계품」

○ 모두가 선지식이고 관세음보살

그런데 여기서 잠깐! 혹 53선지식이라고 하였는데, 53분인걸 확인한 분이 있는가. 헤아려보면 총 54분이다. 선재동자는 문수보살로부터 소개받기 시작하여 문수보살 포함하여 총 54차례 선지식을 만난다. 그런데 왜 옛 스승들은 53선지식이라고 하였을까. 문수보살을 두 번 만나기 때문일까, 아니면 두 분(덕생 동자, 유덕 동녀)을 동시에 만나기 때문일까, 아니면 3이라는 숫자를 좋아해서일까.

한편, 「입법계품」에서는 모든 선지식은 자신은 일부만 알 뿐 나머지는 부족하다 말하고, 다른 선지식을 일러주며 찾아가 보라고 한다. 가령 관세음보살은 다음과 같이 말한다.

"선남자여, 나는 다만 이 보살대비행문菩薩大悲行門(보살이 크게 가엾이 여기는 행의 문)을 얻었을 뿐이다. 저 보살마하살들이 보현의 모든 원을 깨끗이 하였고, 보현의 모든 행에 머물러 있으면서, 모든 착한 법을 항상 행하고, 모든 삼매에 항상 들어가고, 모든 가없는 겁에 항상 머물고, 모든 삼세 법을 항상 알고, 모든 가없는 세계에 항상 가고, 모든 중생의 나쁜 짓을 항상 쉬게 하고, 모든 중생의 착한 일을 항상 늘게 하고, 모든 중생의 생사의 흐름을 항상 끊는 일을 내가 어떻게 알며, 그 공덕의 행을 말하겠는가."

그 때 동방에 한 보살이 있었으니, 이름은 정취이다. …

"선남자여, 그대는 그에게 가서 보살이 어떻게 보살행을 배우
며 보살도를 닦느냐고 물어보아라."

『80화엄경』 제68권 「입법계품」

　　과연 관세음보살이 일부만 알고 나머지는 부족할까. 아니다. 이
또한 가르침이 있다. 스스로 겸손을 보여 겸손을 가르침과 동시에,
한 스승으로 만족하지 말고, 한 스승에 치우치지 말라는 말씀이다.
　　관세음보살이 일러 준 정취보살은 관세음보살의 다른 이름이기
도 하다. 정취보살뿐만 아니라 53선지식 또한 관세음보살의 다른
모습이라 할 수 있다. 관세음보살이 어찌 우리가 아는 보관을 쓴 보
살로만 나타나겠는가. 하늘, 동자, 스님 등 다양한 모습으로 나타난
다고 하지 않는가. 또한 53선지식은 모든 불보살님의 다른 모습이
기도 하다. 이는 하나가 전체고 전체가 하나(일즉다 다즉일—卽多 多
卽—)라는 『화엄경』의 가르침과 연결된다. 어찌 53선지식뿐이겠는
가. 자신을 내려놓으면 모두가 선지식이고, 관세음보살이다.

23
관세음보살,
대비행을
말하다

『화엄경』「입법계품」에서 선재동자는 53선지식 가운데 거의 중간
쯤에 관자재보살(관세음보살)을 만난다. 관자재보살은 문수보살부
터 시작하여 28번째 선지식이다. 27번째 선지식인 비실지라거사
는 "여기서 남쪽으로 가면 보타락가산이 있고, 그곳에 보살이 계시
니 이름이 관자재보살이다. 그대는 그 보살에게 가서 보살이 어떻
게 보살행을 배우고 보살행을 닦느냐고 물으라."고 선재동자에게
말한다.

선재동자는 비실지라거사의 가르침을 생각하며 길을 떠난다. 이
윽고 보타락가산에 이르고, 이르는 곳곳마다 관자재보살을 찾았다.
마침내 관자재보살을 멀리서 보게 된다.

그리고 보았다. 서쪽 산골짜기 가운데 시냇물이 굽이쳐서 흐르고, 수목은 우거져 있으며, 부드럽고 향이 나는 풀이 오른쪽으로 돌아 땅에 깔렸다. 관자재보살은 금강석 위에서 결가부좌를 하고, 한량없는 보살들은 모두 보석 위에 앉아 공경하며 둘러 있었다. 관자재보살은 대자대비한 법을 설하여 그들로 하여금 모든 중생을 거두어들이도록 하고 있었다.

선재동자는 보고나서 기뻐하여 뛰었다. 합장하며 바라보면서 눈도 깜짝이지 않고 생각하였다.

『화엄경』 제68권 「입법계품」

환희용약歡喜踊躍! 기뻐하여 뛰었다. 저 멀리 선지식의 모습이 보이니, 얼마나 기쁘겠는가. 그 기쁨을 감당할 수 없으니, 펄쩍펄쩍 뛰면서 기뻐한다. 그리고 선지식의 의미를 생각한다.

곧 선재동자는 관자재보살이 계신 곳으로 나아간다. 관자재보살은 선재동자를 보고 칭찬한다. 선재동자는 관자재보살의 발에 엎드려 절하고 수없이 돌고 나서 합장하며 여쭈었다.

"거룩하신 분이시여, 저는 이미 아뇩다라삼약삼보리심을 내었습니다. 그러나 보살이 어떻게 보살행을 배우며 어떻게 보살도를 닦는지를 아직 모르겠습니다. 거룩하신 분께서 잘 가르쳐 주신다고 저는 들었습니다. 저를 위하여 보살행을 설해 주시길 원합니다."

『화엄경』제68권「입법계품」

'아뇩다라삼약삼보리심을 냈다'는 말을 발보리심發菩提心이라고
한다. 발보리심! 깨닫고자(보리) 하는 마음(심)을 낸다(발)는 뜻이
다. 아뇩다라삼약삼보리는 무상정등정각無上正等正覺으로 번역한다.
'위없고 바르고 동등한 바른 깨달음'이다. 발보리심은 대승보살이
가져야 할 기본 요건이다. 선재동자는 이미 발보리심을 하였고, 보
살행을 배우고 보살도를 닦고자 선지식을 찾아다닌다.

선재동자가 관자재보살에게 가르침을 구하자, 관자재보살은 '대
비행大悲行'에 입각해서 가르침을 준다.

"훌륭하고, 훌륭하다. 선남자여, 그대는 이미 아뇩다라약삼보
리심을 일으켰다. 선남자여, 나는 이미 보살대비행해탈문菩薩大
悲行解脫門(보살이 크게 가엾이 여기는 행의 해탈문)을 성취하였다.
선남자여, 나는 이 보살대비행해탈문으로 모든 중생을 평등하
게 교화하여, 그 교화가 끊이지 않고 이어진다.

선남자여, 나는 이 대비행문에 머물러서 모든 여래의 처소에
항상 있으며 모든 중생의 앞에 항상 나타난다. 혹은 보시로써 중
생을 거두어 주기도 하고, 혹은 애어愛語(사랑하는 말)로써, 혹은
이행利行(이롭게 하는 행)으로써, 혹은 동사同事(같이 일함)로써 중

생을 거두어 주기도 한다. 혹은 색신色身을 나투어 중생을 거둬 주기도 한다. 혹은 가지가지 부사의한 빛과 깨끗한 광명을 나타내어 중생을 거둬 주기도 한다. 혹은 음성으로써, 혹은 위의로써, 혹은 설법으로써, 혹은 신통변화를 나타내어 그의 마음을 깨닫게 하여 성숙하게 한다. 혹은 같은 형상으로 변화하여 함께 있으면서 성숙하게 한다.

선남자여, 나는 이 대비행문을 닦았으니, 모든 중생을 항상 구호하길 원한다. 모든 중생이 험난한 길에서 두려움을 여의며, 극심한 고통에서 두려움을 여의며, 미혹한 속에서 두려움을 여의며, 속박되는 두려움을 여의며, 살해되는 두려움을 여의며, 가난의 두려움을 여의며, 생활하지 못할 두려움을 여의며, 나쁜 이름을 얻을 두려움을 여의며, 죽을 두려움을 여의며, 대중에 대한 두려움을 여의며, 나쁜 곳에 태어나는 두려움을 여의며, 캄캄한 곳의 두려움을 여의며, 옮겨 다니는 두려움을 여의며, 사랑하는 이와 이별하는 두려움을 여의며, 원수를 만나는 두려움을 여의며, 몸을 핍박하는 두려움을 여의며, 마음을 핍박하는 두려움을 여의며, 근심 걱정의 두려움을 여의기를 원한다.

또 원한다. 중생들이 혹은 나를 생각하거나, 혹은 나의 이름을 부르거나, 혹은 나의 몸을 보거나 하면, 모두 모든 두려움을 면하여 여의기를 원한다.

선남자여, 나는 이런 방편으로써 중생들의 두려움을 여의게

▲ 속리산 법주사 관세음보살

하고, 다시 가르쳐서 아뇩다라삼약삼보리심을 내고 영원히 물러가지 않게 한다."

『화엄경』 제68권 「입법계품」

위에서 언급한 관자재보살의 가르침을 네 부분으로 나눠 본다.

첫째, 관자재보살이 보살대비행해탈문菩薩大悲行解脫門(보살이 크게 가엾이 여기는 행의 해탈문)을 성취하였으며, 이 대비행해탈문으로 중생을 평등하게 교화함을 나타낸다.

둘째, 대비행해탈문에 입각하여 여러 방편으로 중생을 거두고 성숙하게 함을 나타낸다.

셋째, 대비행해탈문을 닦았으니, 모든 중생을 항상 구호하길 원한다. 즉 중생들이 모든 두려움을 여의길 원한다. 그러므로 중생들이 관자재보살을 생각하거나 이름을 부르거나 보거나 하면 모든 두려움으로부터 여의길 원한다.

넷째, 결국 중생들이 모든 두려움을 여의고, 보리심을 내고 영원히 물러나지 않게 한다.

따라서 보살이 모든 중생을 거두고 성숙하게 하고 모든 두려움을 여의게 하는 이유는, 다시 가르쳐서 결국 보리심을 내게 하고 그로부터 물러나지 않게 하고자 하기 때문이다. 중생으로 하여금 발보리심 하게 하는 것은 결코 쉬운 일이 아니다. 그래서 관자재보살은 대비행문에 의거하여 많은 방편을 드러낸다.

방편은 가르침 둘째 부분에서 언급하였다. 먼저 중생을 거두는 방편으로 보시, 애어, 이행, 동사를 사섭법四攝法이라고 한다. 이를 각각 보시섭, 애어섭, 이행섭, 동사섭이라고 한다. 보살이 중생을 제도하고 섭수攝受하기 위한 네 가지 방편이다. 섭수는 자비로운 마음으로 중생을 살피어 보호한다는 뜻이다.

보시섭布施攝은 법을 가르쳐주고(법시法施), 재물을 나누고(재시財施), 두려움을 없애주어(무외시無畏施) 중생을 살피어 보호한다.

애어섭愛語攝은 항상 따뜻한 얼굴로 부드럽게 말을 하여 중생을 살피어 보호한다.

이행섭利行攝은 신구의身口意 삼업으로 선행을 하여 중생들에게 이익을 줌으로써 살피어 보호한다.

동사섭同事攝은 중생의 근기에 맞게 중생과 함께 일하고 생활함으로써 살피어 보호한다. 눈높이 교육이 이에 해당한다.

그러므로 관자재보살은 색신과 광명으로 중생을 섭수하고, 음성, 위의, 설법, 신통변화로 중생을 성숙시키고, 또한 중생과 같은 형상으로 변화하여 함께 있으면서 중생을 성숙시킨다.

관세음보살을 시무외자施無畏者라고 한다. 두려움을 없애 주는 자라는 뜻이다. 이는 가르침 중 셋째에 해당된다. 석가모니부처님도 생로병사의 괴로움을 해결하고자 출가하셨다. 생로병사는 중생 누구나 가지고 있는 보편적인 괴로움을 나타낸다. 어느 누구도 괴로움이 없는 사람은 없다. 이러한 괴로움은 두려움으로 나타난다. 이러한 구체적인 괴로움을 무시하고 중생을 가르침으로 이끌기 힘들다. 따라서 관세음보살은 중생의 모든 두려움을 여의게 하고자 원을 세웠다. 중생들이 당신을 생각하거나 이름을 부르거나 몸을 본다면 모든 두려움을 여의길 원을 세웠다. 시무외자다운 원이다.

무수한 모든 고통 액난 중에서
나는 항상 여러 중생 구호하므로
생각하고 예경하고 내 이름 부르면

모든 고통 한꺼번에 벗어나리라.

『40화엄경』 제16권

끝으로 관자재보살은 당신은 다만 이 보살대비행문을 얻었을 뿐이라고 하며, 선재동자에게 정취보살을 소개하며 가르침을 마친다.

24
—
관세음보살과
정취보살,
대비와 지혜를
갖추다

○ 관세음보살이 정취보살을 소개하다

『화엄경』「입법계품」을 보면, 관세음보살 다음으로 정취보살이 선
지식으로 등장한다. 정취보살은 다양한 방편을 빨리 펼쳐 중생을
제도하는 보살이다. 극락 또는 해탈의 길로 빨리 들어서게 하는 길,
방편을 알려 주는 보살이라고 한다.

정취正趣보살은 '바르게(정) 나아가는(취)' 보살이라는 뜻이다. 바
른 지혜로 그릇됨이 없기 때문에 정취라고 한다. 이 보살을 정성무
이행正性無異行보살이라고 번역한다. 바른 성품으로 다른 행이 없다
는 뜻이다. 따라서 바르게 나아간다는 말은 결코 다른 곳으로 가지
않는다, 길 아닌 길로 가지 않는다, 뒤로 물러서지 않는다는 뜻이다.

그러한 보살이기에 정취보살은 모든 세계 가운데 일체중생을 두루 본다. 그리하여 그들의 마음을 다 알고, 그들의 근기를 다 알아서 그들의 요구와 이해에 따라서 여러 가지 방편으로 교화하고 제도함에 쉼이 없다.

정취보살은 『천수경』에도 등장한다. "나무정취보살마하살." 이때 정취보살을 관세음보살의 다른 모습이자 다른 이름으로 풀이한다. 한편 『삼국유사』 「낙산이대성 관음 정취 조신」에는 의상스님의 낙산사 창건 설화에 이어서 범일국사가 낙산 위쪽에 정취보살상을 모셨다는 이야기가 나온다. 그리고 그렇게 낙산에 모셔진 관세음보살상과 정취보살상은 백 년 뒤 화재가 났음에도 무사하였다고 한다.

이처럼 정취보살은 관세음보살과 밀접한 관계가 있다. 두 보살의 밀접한 관계는 『화엄경』 「입법계품」에서 드러난다. 다음은 관세음보살의 가르침이 끝날 무렵 일어나는 일이다.

그때 동방에 한 보살이 있었으니, 이름은 정취正趣이다. 공중으로부터 사바세계에 와서 철위산 꼭대기에서 발로 땅을 누르니, 사바세계는 여섯 가지로 진동하고 모두 여러 가지 보배로 장엄하였다.

정취보살은 몸에서 광명을 놓아 해와 달과 모든 별과 번개를 가렸다. 그리하여 하늘·용의 팔부, 제석·범천·사천왕의 광명은 모두 먹(墨)을 모은 것과 같아졌다. 그 광명이 모든 지옥·축생·

아귀·염라왕의 세계를 두루 비추어 모든 악취惡趣의 고통을 소멸하여 번뇌가 일어나지 않고 근심 걱정을 여의게 하였다.

또 모든 부처님 국토에 모든 꽃·향·영락·의복·당기·번기를 비처럼 두루 내렸다. 이러한 여러 가지 장엄구로써 부처님께 공양하였다. 또 중생의 좋아함을 따라 모든 궁전에 몸을 나타내어 보는 이들을 모두 기쁘게 하였다.

그런 뒤에 관자재보살이 있는 곳으로 왔다. 관자재보살이 선재동자에게 말하였다.

"선남자여, 그대는 이 정취보살이 여기 오는 것을 보는가."

선재는 말하였다.

"봅니다."

관자재보살이 말하였다.

"선남자여, 그대는 그에게 가서 보살이 어떻게 보살행을 배우며 보살도를 닦느냐고 물으라."

이때 선재동자는 가르침을 받들고 곧 그 보살이 계신 곳에 나아갔다. 그의 발에 엎드려 절하고 합장하여 서서 여쭈었다.

『80화엄경』 제68권 「입법계품」

○ 관세음보살의 자비, 정취보살의 지혜

「입법계품」에서 등장하는 대부분 선지식은 다른 장소에 있는 다른 선지식을 알려 주고, 선재동자는 하직 인사를 하고 다른 선지식을 찾아 떠난다. 그런데, 관세음보살과 정취보살의 경우는 다르다. 동방에 있던 정취보살이 관세음보살의 처소로 찾아온다. 그리고 선재동자는 관세음보살에게 하직 인사를 하지 않고 정취보살에게 나아간다. 이에 대해 당나라 이통현 장자(635~730)의『신화엄경론』에는 이렇게 풀이한다. 주요 내용만 발췌한다.

관세음보살 법회 가운데 정취보살을 본 것은 지혜와 자비가 원만함을 나타낸다. 자비가 끝에 이르면 곧 무명無明의 지혜가 저절로 이루어짐을 나타내고, 자비와 지혜에 두 가지 체성이 없음을 밝히려 하기 때문에 하직 인사를 하지 않았다. … 정취보살이 동방으로부터 와서 백화산(보타락가산) 서쪽 한곳에서 친견한 것을 풀이해 보자. 동쪽은 지혜를 나타내고, 서쪽은 자비를 나타낸다. 이는 관음보살과 정취보살이 자비와 지혜 두 지위의 일부분인 시작과 끝에서 회합하였으며, 이 이후에는 지혜로부터 자비를 행하는 것이다. … 지혜를 행하면 곧 행이 편협하여 끝을 맺지 못하지만, 지혜로 자비를 행하면 곧 행이 광대하고 무한하게 자재하다.

『신화엄경론』

관세음보살과 정취보살, 두 보살이 모두 지혜와 자비를 갖춘 분

▲ 강화 전등사 관세음보살

이다. 그런데 중생을 위한 방편 교설로 각각 자비와 지혜를 대비하여 부각시켰다. 두 보살이 성취한 보살의 해탈문도 그 점이 부각된다. 관세음보살과 정취보살은 각각 대비행大悲行과 보문속질행普門速疾行(넓은 방편이 빠른 행)이라 이름하는 보살의 해탈을 성취하였다. 이때 보문普門은 다양한 방편이다. 중생을 잘 살펴서 중생의 요구와 이해에 맞게끔 여러 방편을 사용하여 제도한다. 이것은 세상을 살펴보는 지혜가 있어야 가능하다. 관세음보살(자비)이 있는 곳에 정취보살(지혜)이 오는 것으로써 자비와 지혜가 함께함을 나타낸다.

지혜와 자비는 함께 행해야 한다. 부처님을 양족존兩足尊, '두 가지(兩)를 갖춘(足) 분(尊)'이라고 한다. 그 두 가지는 지혜와 자비, 지혜와 방편, 지혜와 복덕이다. 지혜를 바탕으로 자비, 방편, 복덕이 있어야 중생과 함께할 수 있다. 중생을 사랑하고 가엾이 여기는 마음이 있어야 하고, 중생을 잘 살펴서 중생의 요구와 이해에 맞게끔 여러 방편을 사용할 수 있어야 하고, 그리고 중생을 만나 제도할 수 있는 복덕이 있어야 한다. 무엇보다 그 바탕에는 지혜가 있어야 한다.

○ 정취보살의 지혜 법문

정취보살은 선재동자에게 다음과 같이 말한다.

"선남자여, 나는 동방 묘장妙藏세계의 보승생寶勝生부처님 처소에서 이 국토에 왔다. 그 부처님 처소에서 이 법문을 얻었다. 그곳을 떠난 지는 불가설不可說 불가설 부처님 국토의 티끌 수 겁을 이미 지났다. 한 찰나 한 찰나마다 불가설 불가설 부처님 국토 티끌 수의 걸음을 걸었고, 한 걸음 한 걸음마다 불가설 불가설 세계 티끌 수의 부처님 국토를 지났고, 한 불국토 한 불국토마다 나는 다 두루 들어갔다. 그 부처님 처소에 이르러 묘한 공양 거리(공양구供養具)로 공양하였다. 그 공양 거리는 모두 위없는 마음(무상심無上心)으로 이루었고, 지음 없는 법(무작법無作法)으로 인정하였고, 모든 여래가 인가하였고, 모든 보살이 찬탄하였다.

선남자여, 나는 또 그 세계 가운데 일체중생을 두루 보았다. 그들의 마음을 다 알고, 그들의 근기를 다 알아서 그들의 요구와 이해에 따라서 몸을 나타내어 법을 설하였다. 혹은 광명을 비추고, 혹은 재물을 보시하였다. 여러 가지 방편으로 교화하고 조복함에 쉼이 없었다. 가령 동방에서 온 것처럼 남서북방 사유상하 또한 그러하였다.

선남자여! 나는 다만 이러한 보문속실행이라는 보살 해탈을 얻어 모든 곳에 빨리 두루 이를 뿐이다…."

『화엄경』 제68권 「입법계품」

정취보살은 동방 묘장세계의 보승생부처님 처소에서 보문속질행普門速疾行(넓은 방편이 빠른 행)이라는 법문을 배웠다. 묘장세계는 근본지根本智의 곳간(장藏)을 말한다. 보승생부처님 처소에서 이 법문을 얻었다고 하는 것은, 바로 근본지로부터 차별지差別智를 일으켜 중생에게 응해 준다는 것이다. 근본지는 절대·평등·진실·무차별의 진여와 상응하며, 실지實智, 무분별지無分別智라고 한다. 차별지는 상대·차별의 가르침이나 현상계를 살피는 지혜로써 방편지方便智, 권지權智, 무분별후득지無分別後得智라고 한다. 중생의 입장에서 살펴보는 지혜(차별지)가 없다면 중생 제도는 쉽지 않다. 그리고 그렇게 살핀 중생의 요구와 이해에 맞는 방편이 있어야 한다.

보문普門이라는 말은 '넓은 방편', '다양한 방편'이라는 뜻이다. 이처럼 보문속질행이라는 보살 해탈 법문을 성취한 정취보살이기에 "또 그 세계 가운데 일체중생을 두루 보았다. … 여러 가지 방편으로 교화하고 조복함에 쉼이 없었다."고 하였다. 그 교화의 범위는 동방뿐만 아니라 남서북방 사유상하 시방十方에 걸쳐있다. 우리가 아는 관세음보살의 다른 모습이다.

천수천안千手千眼관세음보살은 천 개의 눈과 천 개의 손을 가진 분이다. 천 개의 눈이란 바로 중생세계를 살펴보는 차별지差別智 또는 방편지方便智이고, 천 개의 손이란 그러한 지혜로 살펴본 중생의 요구와 이해에 맞는 다양한 방편(보문普門)을 말한다.

25

「관세음보살 보문품」의 공덕

○ 관음신앙에서 「관세음보살보문품」의 위치

구족신통력具足神通力 신통력을 갖추시고

광수지방편廣修智方便 지혜 방편을 널리 닦아

시방제국토十方諸國土 시방의 여러 국토 중

무찰불현신無刹不現身 몸을 나투지 않은 곳이 없네.

『법화경』「관세음보살보문품」

관세음보살 정근을 할 때 등장하는 게송이다. 정근精勤은 착한 법을 더욱 자라게 하고 악한 법을 멀리 여의려고 부지런히 쉬지 않고 수행한다는 뜻이다. 실제 사찰에서 정근은 한마음 한뜻으로 불보살님의 지혜와 공덕을 찬탄하면서 그 명호를 부르며 정진하는 수행이다. '관세음보살, 관세음보살…' 수없이 관세음보살 명호를 부른뒤, 마무리 하면서 위 게송을 읊는다.

이 게송은 『법화경』 「관세음보살보문품」에 등장한다. 그만큼 『법화경』 「관세음보살보문품」은 관음신앙의 대표 경전이다. 「관세음보살보문품」은 『법화경』 28품 가운데 제25품에 해당한다. 줄여서 「보문품」이라고 한다. 이 품만 분리하여 『관음경』이라고 한다. 중국 수나라 천태대사(538~597)는 『관음현의』, 『관음의소』 등을 통해 『관음경』의 심오한 뜻을 풀이하였다. 『관음현의』에서는 「관세음보살보문품」이 별도의 『관음경』으로 널리 전해진 이유를 설명한다.

담마라참법사는 또한 이파륵보살이라 불린다. 법사는 교화하려 다니다가 총령(파미르 고원)을 넘어 하서(河西)에 이르렀다. 하서의 왕인 저거몽손은 정법에 귀의하였다. 왕은 병환이 있었다. 이 사실을 법사에게 말하였다. 법사는 "관세음보살은 이 땅과 인연이 있습니다."고 말하면서 「관세음보살보문품」을 열심히 외우도록 하였다. 그러자 곧 병환이 제거되었다. 이로 인하여 이 「관세음보살보문품」을 따로 전하여 『법화경』의 별도 부분으로 유통하였다.

「관음현의」

담마라참법사는 담무참(385~433)으로 알려진 인도스님이다. 왕의 보호를 받으면서 많은 경전을 한역하였다. 하서는 황하의 서쪽으로서 지금의 협서성, 감숙성, 몽고지방 일부를 말한다. 저거몽손은 이 지역에 나라를 세운 북량北凉(5호16국 중의 하나)의 왕이다. 이 왕이 관세음보살의 가피를 입은 후, 그 인연으로 「관세음보살보문품」은 따로 『관음경』으로 유통되었다.

그런데 오늘날 우리나라에는 『관음경』이라는 경명보다는 「관세음보살보문품」으로 널리 알려져 있다. 그리고 「관세음보살보문품」의 내용은 한역된 『법화경』마다 다소 차이가 난다.

현재 한역된 『법화경』은 세 종류가 전해진다. 축법호스님이 286년에 번역한 『정법화경』, 구마라집스님이 406년에 번역한 『묘법연화경』, 사나굴다스님과 달마굽다스님이 601년에 함께 번역한 『첨품묘법연화경』 등이다. 이 세 경전은 내용상 약간의 차이를 보인다. 「관세음보살보문품」 역시 세 경전마다 다르다.

오늘날 우리가 독송하는 「관세음보살보문품」은 산문과 게송으로 되어 있다. 그런데 축법호스님 번역의 『정법화경』이나 구마라집스님 번역의 『묘법연화경』에는 산문만 있고, 게송은 없다. 『첨품묘법연화경』에는 산문과 게송이 있다. 그런데 지금 우리가 독송하는 구마라집스님의 번역본인 『묘법연화경』에는 산문과 게송이 모두 있다. 현재 독송하는 『묘법연화경』 「관세음보살보문품」은 『첨품묘법연화경』이 등장한 후 이를 참고하여 교정하고 보완하였기 때문이다.

따라서 천태대사의 『관음의소』 등에는 게송에 대한 풀이가 없다. 대사는 게송이 없는 「관세음보살보문품」을 주석하였다. 천태대사가 열반한 이후에 게송이 있는 『첨품묘법연화경』이 등장하였다. 『법화경』 게송은 산문의 내용을 반복해서 정리하기도 하지만, 새로운 내용을 첨가하기도 한다. 따라서 천태대사가 「관세음보살보문품」을 풀이할 때 언급하지 않거나 혹은 게송에 없더라도 이치상 언급한 내용이 이후 첨가된 게송에 등장하기도 한다.

ㅇ 「관세음보살보문품」의 구성과 내용

그렇다면 「관세음보살보문품」은 어떠한 내용과 구성으로 이루어져 있는가.

우선 무진의보살의 질문과 부처님의 답변으로 구성된다. 두 번의 질문과 답변이 있다. 그 뒤 이를 게송으로 정리한다. 그리고 「관세음보살보문품」 공덕에 대한 지지持地보살의 찬탄으로 마무리된다. 따라서 질문과 답변이 이 품의 중심이다.

첫 번째 질문이다.

"세존이시여, 관세음보살은 무슨 인연으로 관세음이라고 이름합니까?"

질문에 대한 부처님 답변이다.

"선남자야, 만일 한량없는 백천만억 중생이 여러 가지 고뇌를 받을 때에 이 관세음보살의 공덕을 듣고 일심으로 이름을 부르면, 관세음보살이 즉시 그 음성을 살펴서 모두 벗어나게 한다. 만약 이 관세음보살의 이름을 지니면 혹시 큰 불 속에 들어가더라도 불이 태우지 못한다."

즉 관세음보살의 이름을 지니면, 칠난七難을 벗어나게 되고, 삼재三災을 여의게 되고, 두 가지 소원(득남, 득녀)을 이루게 된다고 말씀하신다. 이러한 인연으로 관세음보살이라고 하며, 그 이름의 공덕을 찬탄하신다. 칠난은 불·물·나찰·칼과 몽둥이·악귀·족쇄·도적으로 인한 재난이다. 삼재는 음욕·성냄·어리석음이다.

두 번째 질문이다.

"세존이시여, 관세음보살은 어떻게 이 사바세계에 다니며, 어떻게 중생을 위하여 설법하며, 방편의 힘, 그 일은 어떠합니까?"

이에 대한 부처님 말씀이다.

"선남자야, 만약 어떤 국토의 중생이 있는데 부처님의 몸으로써 제도할 이에게는 관세음보살은 곧 부처님의 몸을 나타내어 설법하며, … 집금강신으로써 제도할 이에게는 곧 집금강신을 나타내어 설법한다."

즉 관세음보살은 가지가지 형상(33응신)으로 여러 국토에 다니

면서 중생을 제도한다고 말씀하신다. 그리고 관세음보살에게 공양
하도록 권하신다. 이때 무진의보살은 관세음보살에게 보배와 영락
을 공양하고, 관세음보살은 그 영락을 받아 둘로 나눠 석가모니부
처님과 다보불탑에 공양 올린다.

두 차례 질문과 답변이 끝나고, 이러한 질문과 답변을 다시 게
송으로 정리하여 읊는다. 첫 머리에 인용한 게송이 이 가운데 등
장한다.
그리고 「관세음보살보문품」의 마무리는 다음과 같다.

그때 지지보살이 자리에서 일어나 부처님 앞에 나가 말씀드렸다.
"세존이시여, 만일 중생이 이 「관세음보살보문품」의 자재한 업
과 두루 통하는 문으로 나투는(보문시현普門示現) 신통력을 듣는다
면, 이 사람의 공덕은 적지 않겠습니다."
부처님께서 이 「보문품」을 설하실 때, 대중 가운데 8만4천 중생
이 모두 비할 바 없이 평등한 아뇩다라삼약삼보리의 마음을 일으
켰다.

○「관세음보살보문품」의 공덕
「관세음보살보문품」을 듣는 것만으로도 그 공덕은 크다. 그 공덕으

▲ 서울 관문사 관세음보살

로, 부처님께서 이「보문품」을 설하실 때, 8만4천 중생이 비할 바 없이 평등한(무등등無等等) 보리의 마음을 일으켰다. 즉 많은 대중이 발보리심을 하였다. 발보리심은 깨닫고자 하는 마음을 일으키는 것을 말한다. 아뇩다라삼먁삼보리는 무상정등정각無上正等正覺(위없고 바르고 평등한 바른 깨달음)으로서 부처님의 깨달음을 말한다.

천태대사의『관음의소』에 의하면, 진정한 발보리심은 어떤 경지와도 견줄 수 없는 부처님의 경지(무등)와 평등(등)하기 때문에 무등등無等等이라고 한다. 또는 발보리심은 쉽지 않기 때문에 무등이라고 하고, 처음 일으킨 마음(무등)이 마지막 부처님 마음과 같기(등) 때문에 무등등이라고 한다. 초발심시변정각初發心是便正覺, 처음 발심할 때가 곧 바른 깨달음이라는 말이다.

관세음보살은 삼재 칠난을 없애고, 구하고자 하는 것을 구해 주며, 여러 형상으로 중생을 제도한다. 이러한 자재한 업과 두루 통하는 문(보문)을 열어 보이는 신통력은 결국 중생으로 하여금 발보리심을 하여 마침내 아뇩다라삼먁삼보리를 얻게 한다.

「관세음보살보문품」을 듣는 공덕은 관세음보살 명호를 듣는 공덕도 포함한다. 그리고『법화경』의 다른 품에서는 듣는 공덕만 언급하는 것이 아니다. 수지독송해설서사受持讀誦解說書寫, 즉 경전을 받아(수) 지니고(지), 읽고(독) 외우며(송), 경전을 풀이하고(해설), 쓰면(서사), 그 공덕은 헤아릴 수 없다. 듣는 일 또한 수지독송해설서사에 포함되지만, 관세음보살 명호와 관련하여 듣는 일을 부각시켜 언급한 것은 아닌가 한다. 관세음觀世音보살은 세상의 소리를 살피는 보살이라는 뜻이다.

26
—
「관세음보살보문품」
이라는 이름이
담고 있는 의미

○ **관세음과 보문의 뜻**

　나무 보문시현 원력홍심 대자대비 구고구난 관세음보살

　南無 普門示現 願力弘深 大慈大悲 救苦救難 觀世音菩薩

　두루 통하는 문으로 나투시고 원력은 넓고 깊으며 대자대비로
고난에서 구해주시는 관세음보살님께 귀의합니다.

　관음정근 들어갈 때 읊조리는 게송이다. 중생들은 몸과 입과 뜻
으로 짓는 세 가지 업, 즉 신구의身口意 삼업三業으로 간절히 도움을
기원하면, 관세음보살은 고통의 바다를 벗어나게 하고 최상의 즐거
움을 누리게 한다. 이때 관세음보살과 연관되는 단어 가운데 하나

가 '보문'이다. 강화 보문사처럼 보문이라는 단어가 들어가면 일단 관음도량으로 보아도 무방하다. 그렇다면 보문은 무슨 의미를 담고 있을까.

천태대사는『법화현의』,『관음현의』에서「관세음보살보문품」의 이름을 풀이한다. 이때 관세음보살과 보문이 가지고 있는 열 가지 의미를 언급한다.『법화현의』에서는 그 열 가지 의미를 간단하게 언급하지만,『관음현의』에서는 책 전체 내용으로 차지할 만큼 자세히 설명한다.

우선 관세음보살과 보문의 뜻을 간단하게 살펴보자.『관음현의』을 참조하여 풀어 본다.

관세음觀世音이란 '세상의 소리를 관한다(보다)'는 뜻이다. 소리를 '듣는다(문聞)'고 하지 않고 '관한다(보다)'고 하는 이유는 무엇일까. 보살과 중생이 둘이 아니고, 바른 본성을 끝까지 비추어 보고, 그 근본(本)과 말단(末)을 살피기 때문에 '관'이라 한다. 관이란 단순하게 '보다'라는 뜻이 아니다. 지혜다. 그러므로 '살피다', '비추어 보다' 등으로 번역하기도 한다. '세음'은 관하는 대상, 제도할 대상을 말한다. 모든 대상이 서로 다르고 각기 다르게 소리치지만 모두 함께 불보살님의 가피를 입고 고난에서 벗어난다. 관세음보살의 넓은 자비는 일시에 널리 구하여 모두 벗어나게 한다. 그러므로 관세음이라고 한다.

▲ 양구 심곡사의 보주를 쥐고 있는 관세음보살

보문普門을 살펴보자. 보는 '두루하다(편遍)'라는 뜻이고, 문은 '능히 통한다'는 뜻이다. 또는 문은 법문法門이다. 하나의 참된 모습(실상實相)에서 두루 통하는 문을 열어서 막힘이 없기 때문에 보문이라고 한다. 보문을 다양한 방편이라고 번역하지만, 단순한 방편(방법)이 아니다. 바로 지혜를 바탕으로 하는 방편이다. 그리고 이를 통해 열반의 안락한 곳에 이른다. 그렇기 때문에 「관세음보살보문품」에 등장하는 광수지방편廣修智方便에서 지방편을 '지혜의 방편', '지혜 있는 방편', '지혜인 방편'이라 번역하기도 한다.

○ 관세음과 보문, 열 가지 의미와 관계

「관세음보살보문품」의 주된 내용은 두 차례 진행되는 문답이다.

첫 번째 질문이다. "관세음보살은 무슨 인연으로 관세음이라고 이름합니까?" 부처님은 말씀하신다. '관세음보살의 이름을 지니면, 칠난七難을 벗어나게 되고, 삼재三災을 여의게 되고, 두 가지 소원(득남, 득녀)을 이루게 된다. 이러한 인연으로 관세음보살이라고 한다.'

두 번째 질문이다. "관세음보살은 어떻게 이 사바세계에 다니며, 어떻게 중생을 위하여 설법하며, 방편의 힘, 그 일은 어떠합니까?" 부처님은 말씀하신다. '관세음보살은 가지가지 형상(33응신)으로 여러 국토에 다니면서 중생을 제도한다.'

천태대사는 이 두 문답을 각각 '관세음보살'과 '보문'으로 연결

한다. 즉 첫 번째 문답은 관세음보살과 연결되고, 두 번째 문답은 보문과 연결된다. 그리고 관세음보살과 보문에 관한 열 가지 쌍으로 의미를 언급한다.

첫째, 관세음은 사람(人)이고, 보문은 법法이다. 관세음보살은 중생을 제도하는 주체이다. 보문은 중생을 제도하기 위해 보살이 가져야 할 법이다. 「관세음보살보문품」 앞의 문답에서 관세음보살을 이야기하고, 뒤의 문답에서 보문을 이야기한다. 사람과 법을 함께 언급하여 「관세음보살보문품」이라 이름한다.

둘째, 관세음은 대비大悲고, 보문은 대자大慈다. 대비는 중생들을 가엾이 여기는 마음이다. 그리하여 중생들의 괴로움을 뽑아낸다(발고拔苦). 대자는 중생들을 사랑하는 마음이다. 그리하여 중생들에게 즐거움을 준다(여락與樂). 참고로 자비를 여락발고(즐거움을 주고 괴로움을 뽑아낸다)라고 한다. 앞 문답에서 "한량없는 백천만억 중생이 여러 고통을 받을 때에 … 관세음보살의 이름을 부르면 … 모두 벗어나게 된다."가 대비다. 뒤 문답에서 "… 제도할 이에게는 … 설법한다."가 대자다. 이러한 대자 대비의 인연 때문에 「관세음보살보문품」이라 이름한다.

셋째, 관세음은 지혜장엄이고, 보문은 복덕장엄이다. 앞의 문답에서 중생의 근기와 인연에 따라 고통을 덜어 준 것은 지혜장엄이다. 괴로움은 전도된 미혹으로부터 일어난다. 지혜는 이 미혹을 타파한다. 뒤의 문답에서 두루 모든 중생에게 여러 몸을 나툰다는 것은 복덕장엄이다. 중생 제도를 위해 여러 몸이 되는 것은 끝없는 복덕에서 나오는 신통의 묘한 작용이다. 이 복덕과 지혜의 인연 때문에 「관세음보살보문품」이라 이름한다.

넷째, 관세음은 진신眞身이고, 보문은 응신應身이다. 진眞은 거짓이 아니고 움직이지 않는 것을 말하고, 응應은 근기와 인연에 알맞게 상응하는 것을 말한다. 앞 문답에서는 관세음보살의 진신을 나타낸다. 고요하게 움직이지 않으면서 중생의 괴로움을 없애 준다. 뒤 문답에서는 응신을 나타낸다. 중생의 근기와 인연에 따라 몸을 나타내어 이익을 준다. 진신은 법신法身이고, 응신은 화신化身이다. 진신과 응신의 인연으로 「관세음보살보문품」이라 이름한다.

다섯째, 관세음은 약수왕신藥樹王身이고, 보문은 여의주왕신이다. 약수는 모든 고통과 병환을 치료하는 나무다. 여의주는 마음대로 무엇이든지 가능하게 한다. 여기서 왕王은 나라를 다스리는 왕이 아니다. 약수와 여의주가 위대한 능력이 있기 때문에 왕이라 표현한다. 앞의 문답에서는 재액과 고난을 두루 구제한다. 그러므로 약수왕신에 해당한다. 뒤의 문답에서는 중생들이 구하는 바에 알맞게 일치하여 열반의 즐거움을 얻게 한다. 그러므로 여의주왕신에 해당한다. 이 두 신身의 인연으로 「관세음보살보문품」이라 이름한다.

여섯째, 관세음은 드러나지 않게 이익을 짓고, 보문은 드러나게 이익을 짓는다. 성인은 비밀스럽게 또는 드러나게 모든 중생을 이롭고 편안하게 한다. 앞의 문답에서는 모습과 소리를 나타내지 않으면서 은밀하게 가피를 입게 하였다. 즉 드러나지 않게 이익을 짓는다. 뒤의 문답에서는 친히 몸을 나타내어 설법을 듣게 한다. 보고 듣는 것이 확연하고 법의 이익이 뚜렷하게 드러난다. 즉 드러나게 이익을 짓는다. 이 두 가지 이익의 인연으로 「관세음보살보문품」이라 이름한다.

일곱째, 관세음은 진실(실實)이고, 보문은 방편(권權)이다. 방편은 잠시 사용하는 법이고, 진실은 잠시 사용하는 법이 아니다. 진실은 실지實智, 근본지라 하고, 방편은 권지權智, 방편지라고 한다. 앞의 문답에서는 실지로 중생들을 이롭게 하고, 뒤 문답에서는 방편으로 이롭게 한다. 진실과 방편의 인연으로 「관세음보살보문품」이라 이름한다.

여덟 번째, 관세음은 근본(본本)이고, 보문은 자취(적迹)이다. 관세음은 움직이지 않은 근본 자리고, 보문은 중생의 근기에 따라 감응하여 나타냄이다. 앞의 문답에서는 설하거나 보일 수 없고 단지 은밀하게 앞 사람에게 가피를 준다. 그러므로 근본 자리다. 뒤 문답에서는 다른 모습과 다른 상황으로 상응하여 나타나서 제도한다. 그러므로 자취다. 이 근본과 자취의 인연으로 「관세음보살보문품」이라 이름한다.

아홉 번째, 관세음은 지혜종자種子고, 보문은 수행종자다. 지혜종자는 진여를 밝히는 지혜가 된다. 이는 지혜장엄이다. 수행종자는 지혜를 일으키는 조건인 온갖 수행이 된다. 이는 복덕장엄이다. 앞의 문답은 지혜종자고, 뒤 문답은 수행종자다. 지혜종자와 수행종자 때문에 「관세음보살보문품」이라 이름한다.

열 번째, 관세음은 반야(지혜)고, 보문은 해탈이다. 공덕을 닦으면 지혜종자가 바뀌어 반야가 되고, 보리(깨달음)를 이룬다. 공덕을 닦으면 수행종자가 바뀌어 해탈이 되고, 열반을 이룬다. 반야가 가득해지면 맑고 잔잔하게 비추어 보고 중생의 근기와 인연 따라 곧 감응하여 일시에 모두 해탈하게 한다. 해탈을 이루면 가는 곳곳마다 중생의 번뇌를 조복하여 모두 제도한다. 앞의 문답은 반야고, 뒤 문답은 해탈이다. 반야와 해탈의 인연 때문에 「관세음보살보문품」이라 이름한다.

'관세음'과 '보문'에 대해 열 가지 쌍으로 의미를 살펴보았다. 사람과 법, 대비와 대자, 지혜장엄과 복덕장엄, 진신과 응신, 약수왕신과 여의주왕신, 은밀하게 이익 줌과 드러나게 이익 줌, 진실과 방편, 근본과 자취, 지혜종자와 수행종자, 반야와 해탈 등이다.

이 열 쌍의 의미를 관세음과 보문을 나누어 설명했지만, 이 모든 의미가 관세음보살에게도 있고, 관세음보살의 보문시현에도 있다. 사람(관세음보살)과 법(보문)은 함께하기 때문이다.

27

관세음보살, 대비심으로 고뇌를 없애 주다

○ 관세음이라 불리는 이유

"세존이시여, 관세음觀世音보살은 무슨 인연으로 관세음이라고 이름합니까?"

「관세음보살보문품」에서 무진의보살이 부처님께 한 첫 질문이다. 관세음보살은 무슨 인연으로 관세음이라고 하는가. 부처님께서 다음과 같이 답하신다.

"선남자야, 만일 한량없는 백천만억 중생이 여러 가지 고뇌를 받을 때에 이 관세음보살의 공덕을 듣고 일심으로 이름을 부르면, 관세음보살이 즉시 그 음성을 살펴서 모두 벗어나게 한다."

『법화경』「관세음보살보문품」

즉, 관세음보살은 가피를 바라는 중생의 음성(세음)을 살펴서(관) 모든 고통을 벗어나게 해주기 때문에 관세음이라고 한다. 중생이 관세음보살의 이름을 부르면서 다가온다. 이를 감感이라고 한다. 관세음보살은 그 음성을 살펴서 모두 모든 고통을 벗어나게 한다. 이를 응應이라고 한다. 감응感應, 또는 가피는 그렇게 이뤄진다.

부처님은 '관세음'이라는 이름을 통해 관세음보살의 공덕을 언급하시고, 구체적인 예를 들어 그 공덕을 보여 준다. 중생들은 칠난, 삼재, 두 가지 소원 때문에 힘들어한다. 이에 대해 신구의身口意 삼업三業으로 가피로 입는다. 신업은 몸으로 하는 행위, 구업은 입으로 하는 행위, 의업은 마음으로 하는 행위다.

우선 칠난七難이다. 구업에 대한 가피로 벗어난다.

"만약 이 관세음보살의 이름을 지니면 혹시 큰불에 들어가더라도 불이 태우지 못한다. 이 보살의 위신력 때문이다. 혹은 큰물에 떠내려가게 되더라도 그 이름을 부르면 곧 얕은 곳에 닿게된다. 혹은 백천만억 중생이 금·은·유리·차거·마노·산호·호박·진주 등의 보배를 구하려고 큰 바다에 들어갔을 때, 가령 폭

풍이 일어 그들의 배가 나찰귀의 나라에 닿게 되더라도 그 가운데 만일 한 사람이라도 관세음보살의 이름을 부르면, 이 모든 사람들이 모두 나찰의 난으로부터 벗어나게 된다. 이러한 인연으로 관세음이라 이름한다.

혹은 어떤 사람이 해를 입게 될 때 관세음보살의 이름을 부르면, 그들이 가진 칼이나 막대기가 곧 조각조각 부서져 벗어나게 된다. 혹은 삼천대천국토에 가득한 야차·나찰이 와서 사람을 괴롭히려 하더라도 관세음보살의 이름을 부르는 소리를 들으면, 이 모든 악귀는 악한 눈으로 보지도 못하는데 하물며 어찌 해칠 수 있겠는가. 설사 또 어떤 사람이 죄가 있든 죄가 없든 간에 수갑과 쇠고랑에 손발이 채워지고 몸이 묶일지라도 관세음보살의 이름만 부르면, 모두 다 끊어지고 풀어져 곧 벗어나게 된다.

혹은 삼천대천국토에 도적이 가득한데, 상인의 우두머리가 여러 상인들을 이끌고 귀중한 보물을 가진 채 험한 길을 지나갈 때, 그중에 한 사람이 소리쳤다. '여러 선남자들이여, 두려워 말라. 그대들은 일심으로 관세음보살의 이름을 불러라. 이 보살님은 능히 중생의 두려움을 없애 주신다. 그대들이 이 이름을 부르면 이 도적들에게서 무사히 벗어나게 된다.' 여러 상인들이 이 말을 듣고서 모두 소리를 내어 '나무관세음보살' 한다면, 그 이름을 부르기 때문에 곧 벗어나게 된다.

무진의야, 관세음보살마하살의 위신력이 뛰어나고 뛰어나서 이와 같다.”

『법화경』「관세음보살보문품」

칠난은 불의 난, 물의 난, 나찰의 난, 칼과 막대기의 난, 악귀의 난, 족쇄의 난, 도적의 난 등이다. 나찰의 난을 바람의 난이라고 하기도 한다. 천태대사는 『관음의소』에서 바람은 원인일 뿐이며, 이로 인한 결과가 나찰의 난이기 때문에 나찰의 난으로 본다. 『법화경』에는 나찰의 난으로 명시하고 있다. 또한 『능엄경』(제6권)에서도 '나찰의 난'이다. 한편 악귀의 난에 나찰이 등장하기 때문에 중복을 피하려고 바람의 난으로 보기도 한다. 나찰은 사람을 잡아먹는 귀신이다.

'관세음보살의 이름을 부르면' 이 모든 난으로부터 벗어난다. 관세음보살의 이름을 부르기 때문에, 이는 구업에 해당한다.

다음은 삼재三災다. 의업에 대한 가피로 떠난다.

“혹은 어떤 중생이 음욕이 많더라도 관세음보살을 항상 생각하고 공경하면, 곧 음욕을 여의게 된다. 혹은 성냄이 많더라도 관세음보살을 생각하고 공경하면, 곧 성냄을 여의게 된다. 혹은 어리석음이 많더라도 관세음보살을 항상 생각하고 공경하면, 곧 어리석음을 여의게 된다.

무진의야, 관세음보살은 이러한 큰 위신력이 있어서 이롭게 하는 것이 많다. 그러므로 중생은 마음으로 항상 생각해야 한다."

『법화경』 「관세음보살보문품」

삼재는 음욕, 성냄, 어리석음 등 탐진치貪瞋癡 삼독三毒으로 인한 재난이다. 탐욕(탐)과 성냄(진)과 어리석음(치)은 모든 번뇌의 근본이다. 모든 고통을 야기하기에 독毒이라고 한다. 여기서는 음욕으로써 탐욕을 나타낸다.

'관세음보살을 항상 생각하고 공경하면' 음욕, 성냄, 어리석음은 떠난다. 마음으로 항상 생각하기 때문에, 이는 의업意業에 해당한다.

다음은 두 가지 소원이다. 신업에 대한 가피로 소원을 이룬다.

"혹은 어떤 여인이 만일 아들 낳기를 원하여 관세음보살을 예배하고 공경하면, 곧 복덕과 지혜가 있는 아들을 낳게 된다. 만일 딸 낳기를 원한다면, 곧 단정하고 아름다운 모양을 갖춘 딸을 낳게 된다. 전생에 덕의 근본을 심었으므로 여러 사람의 사랑과 존경을 받는다.

무진의야, 관세음보살은 이와 같은 힘이 있다.

만약 어떤 중생이 관세음보살을 공경하고 예배하면, 복이 헛되이 버려지지 않는다. 그러므로 중생은 모두 관세음보살의 이름을 받아 지녀야 한다."

두 가지 소원은 아들과 딸을 낳고자 함이다. 그런데 앞서 전제가 "만일 한량없는 백천만억 중생이 여러 가지 고뇌를 받을 때에"다. 아들과 딸을 낳고자 하는 것이 괴로움인가. 그것은 아들과 딸을 원한다는 것은 자식이 없는 고통을 말한다. 특히 옛날에 여인의 경우에는 더욱 그렇다. 그래서 "어떤 여인이…."라고 언급한다.

'관세음보살을 예배하고 공경하면' 복덕과 지혜를 갖춘 아들을 낳고, 단정하고 아름다운 모양을 갖춘 딸을 낳아 근심이 사라진다. 예배하고 공경하기 때문에 이는 신업에 해당한다.

○ 일심으로 가피를 구하다

이처럼 "어떤 중생이 관세음보살을 공경하고 예배하면, 복이 헛되이 버려지지 않는다. 그러므로 중생은 모두 관세음보살의 이름을 받아 지녀야 한다." 그리고 부처님이 예를 들면서까지 거듭 강조하신다.

"(만약 어떤 사람이 62억 갠지스강 모래 수의 보살 이름을 받아 지녀 목숨이 다하도록 음식·의복·침구·의약 등으로 공양하고,) 만약 어떤 사람이 관세음보살의 명호를 받아 가져서 한때라도 예배,

공양하면 이 두 사람의 복이 꼭 같고 다름이 없어서 백천만억 겁에 다함이 없느니라. 무진의여, 관세음보살의 명호를 받아 지니면 이와 같은 무량 무변 복덕의 이익을 얻으리라."

『법화경』「관세음보살보문품」

누가 묻는다. "일심으로 관세음보살의 이름을 부르면, 모두가 재난에서 벗어날 수 있다고 하는데, 지금 보면 소리 높이 여러 해 동안 관세음보살의 이름을 불러도 조금도 효과가 없는 사람이 있는 것은 무슨 까닭인가."

스승들은 '일심—心'을 강조한다. 만약 마음에 생각을 두고 생각에 생각이 계속 이어지면 다른 마음이 그 사이에 생기지 않으므로 '일심'이라고 한다. '관세음보살, 관세음보살 …' 염불하는 동안 보살도 잊고 나도 잊고 모든 관념이 사라지는 것을 '일념'이라고 한다. 이러한 일심이 없다면, 가령 거울과 마주하여 등을 돌리고 보는 것과 같고, 골짜기와 마주쳐도 입을 다물고 있는 것과 같다. 그렇게 하면 어떻게 자기의 모습을 볼 수 있고, 메아리 소리를 이룰 수 있겠는가. 일심은 간절함이다.

앞서 칠난, 삼재, 두 가지 소원을 언급했지만, 어찌 그것만 고뇌겠는가. 그리고 칠난, 삼재, 두 가지 소원에서 각각 구업, 의업, 신업을 언급했지만, 어찌 그것이 따로 구분되겠는가. 단지 경전 내용에 따라 구분했을 뿐, 모든 것에 삼업이 다 통한다. 그리고 삼재(탐진치)

▲ 순천 선암사 관세음보살

만 마음의 일이겠는가. 칠난, 두 가지 소원 역시 마음과 연결된다. 불의 난, 물의 난 등은 삼재의 다른 이름이다. 다음은 처마 끝에 걸린 풍경과 관련된 이야기다.

사찰에는 불이 나지 않도록 예방 차원에서 풍경을 달아 놓는다. 풍경이 울린다는 것은 바람이 분다는 것이고, 바람이 불면 그만큼 화재의 위험이 크다는 것이다. 그런데 그 불은 바깥에 일어나는 불이 아니라, 마음속에 일고 있는 불이다. 그 풍경 소리가 울릴 때마다 탐진치 삼독의 불길이 일어나지 않도록 살피고 살펴보라는 가르침이다.

보문시현, 다양한 방편의 힘을 보이다

"세존이시여, 관세음보살은 어떻게 이 사바세계에 다니며, 어떻게 중생을 위하여 설법하며, 방편의 힘은 어떠합니까?"

「관세음보살보문품」에서 무진의보살이 부처님께 한 두 번째 질문이다. 부처님께서 다음과 같이 답하신다.

"선남자야, 만약 어떤 국토의 중생이 있는데, 응당 부처님의 몸으로써 제도할 이에게는 관세음보살은 곧 부처님의 몸을 나타내어 설법하며, 응당 벽지불의 몸으로써 제도할 이에게는 벽지불의 몸을 나타내어 설법하며, (이하 축약) 성문·범천왕·제석천·자재천·대자재천·천대장군·비사문·소왕·장자·거사·관리·바라문·비구·비구니·우바새·우바이·장자의 부인·거사의 부인·관리의 부인·바라문의 부인·동남·동녀·하늘·용·야차·건달바·아수라·가루라·긴나라·마후라가 등 사람인 듯 아닌 듯한 것 등의 몸으로써 제도할 이에게는 곧 모두 그 몸을 나타내어 설법한다. 응당 집금강신으로써 제도할 이에게는 곧 집금강신을 나타내어 설법한다.

무진의야, 이 관세음보살은 이러한 공덕을 성취하여 갖가지 형상으로 여러 국토에 다니며, 중생을 제도하여 해탈케 한다.”

『법화경』「관세음보살보문품」

○ 중생의 삼업에 보살의 삼업으로 응하다

보문시현普門示現! 보문은 두루한 방편, 다양한 방편이라고 풀이한다. 모든 중생을 부처님 세계로 이끄는, 넓고 넓은 법문이다. 시현은 나타내 보인다는 뜻이다. 관세음보살이 사바세계에 다니면서 중생을 위하여 설법하고자 다양한 모습으로 나타내 보이는 방편의 힘이 바로 보문시현이다.

“왜 관세음보살이라고 이름하는가?”라는 첫 질문에 대한 부처님 답변은, 각각 중생들의 신구의 삼업에 응하여 관세음보살이 가피를 준다는 것이다. 즉 관세음보살 이름을 부르는 행위는 구업口業, 관

▲ 청도 운문사 보문시현 관세음보살

세음보살을 생각하고 공경하는 행위는 의업意業, 관세음보살을 예배하고 공경하는 행위는 신업身業에 해당한다. 이러한 중생의 신구의 삼업에 응하여 관세음보살은 가피를 준다.

관세음보살은 중생들의 삼업에 응하여 가피를 준다. 그런데 앞서 부처님의 첫 답변에는 관세음보살이 드러나지 않게 이익을 준 측면이 강하기 때문에 보살의 신구의 삼업이 드러남이 표현되지 않았다. 지금 두 번째 답변인 보문시현의 경우에는 다르다. 관세음보살이 다양한 모습으로 나타나기 때문에 관세음보살의 신구의 삼업이 질문과 답변에 모두 나타난다.

우선 질문에서 살펴보자.

질문에서 "어떻게 이 사바세계에 다니며"는 관세음보살의 신업을 묻는다. "어떻게 중생을 위하여 설법하며"는 구업을 묻는다. "방편의 힘, 그 일은 어떠합니까?"는 의업을 묻는다. 왜 의업인가. 중생을 살펴 그에 맞는 방편을 생각하기 때문이다.

다음 답변에서 살펴보자.

"응당 … 으로써"는 관세음보살의 의업을 말한다. 각각의 중생에 맞는 모습을 생각하기 때문이다. "몸을 나타내어"는 신업을 말한다. "설법한다"는 구업을 말한다.

이처럼 관세음보살은 중생들의 삼업에 응하여 당신도 신구의 삼업으로 가피를 준다. 중생의 삼업과 불보살님의 삼업이 상응할 때 이를 가피라고 한다. 이를 밀교에서는 삼밀가지三密加持라고 한다.

가지는 가피를 뜻한다.

○ 여러 응신으로 다양한 방편을 보이다

관세음보살은 대자심大慈心으로 각 중생에 상응하는 여러 형상으로 나타나서 설법한다. 이를 보통 33응신이라고 한다. 중생을 제도하기 위해 여러 모습으로 나타나신 불보살님을 응신應身이라고 한다. 또는 화신化身이라고 한다. 응신과 화신을 같은 뜻으로 사용한다. 또는 이를 구분하기도 한다. 가령 한때 갑자기 나타나면 화신이고, 중생에 상응하여 처음부터 끝까지 함께하면 응신이다. 또는 이를 합하여 응화신이라고도 한다.

그런데 경전마다 관세음보살의 응신이 조금 차이가 난다. 같은 법화경인데도 지금 이 글을 쓸 때 중심으로 하는 『묘법연화경』(구마라집스님 406년 번역)보다 『정법화경』(축법호스님, 286년 번역)에 나타나는 응신 수는 적을 뿐만 아니라, 응신도 다르다. 가령 『묘법연화경』에 나타나지 않는 보살의 모습이 『정법화경』에는 등장한다. 『묘법연화경』에 등장하는 응신도 헤아리는 방법에 따라 33응신에서 35응신 등 다양하게 풀이한다.

한편 『능엄경』에는 명확하게 '삼십이응 … 신'이라고 하면서 32응신이 등장한다. 응신의 모습도 약간 다르다. 벽지불의 몸은 독각의 몸과 연각의 몸으로 각각 나타나고, 사천왕국 태자의 몸이 등장하고, 비사문의 몸과 집금강신의 몸 등은 언급되지 않는다. 자세한 내용은 이후에 별도로 살펴보기로 한다.

여하튼 '천백억화신 석가모니불'이라는 말처럼, 중생의 근기와 이해가 다양하여 천백억화신으로 몸을 나타내는데, 어찌 33응신, 32응신뿐이겠는가. 그러므로 위에 인용한 "갖가지 형상으로 여러 국토에 다니면서 중생을 제도한다."는 말씀을 통해 옛 스승들은 차이점을 회통한다. 즉 그때마다 상황에 따라 응신을 다르게 언급했을 뿐, 관세음보살은 가지가지 형상으로 여러 국토에 다니면서 중생을 제도한다.

○ 부처님의 몸으로, 그리고 지옥 중생의 몸으로

한편, 천태대사는 열 세계(십계+界)로 구분한다. 불佛, 보살, 연각, 성문, 천天, 인간, 아수라, 축생, 아귀, 지옥이다. 그런데 33응신에는 보살, 지옥이 없다. 가령 축생으로는 용이 있고, 아귀 가운데 야차의 일종이 있다. 하지만 보살과 지옥 중생의 몸은 언급하지 않았다. 그러나 지옥 중생을 제도하기 위해 지옥까지 가는 것을 주저하지 않는데, 어찌 지옥 중생의 모습으로 나타나지 않겠는가. 보살의 모습은 말할 것도 없다. 앞서 언급했듯이 『정법화경』에는 보살의 모습이 등장한다. 그리고 『법화경』의 다른 번역본인 『첨품묘법연화경』(601년 번역) 게송에는 지옥 중생이 언급된다.

신통력을 갖추시고
지혜 방편 널리 닦으시고
시방 모든 국토에
몸을 나투시지 않는 곳이 없네.

여러 가지 악취惡趣인
지옥, 아귀, 축생의
생로병사 괴로움을
점차로 모두 다 없애 주시네.

『첨품묘법연화경』

　천태대사는 당시 게송이 없는 『묘법연화경』을 주석하였고, 현재 독송하는 『묘법연화경』에는 게송이 첨부되어 있다. 비록 이 게송이 없더라도 앞의 구절 "갖가지 형상으로 여러 국토에 다니면서 중생을 제도한다."고 하였으므로 관세음보살이 나투지 않는 몸은 없다. 천태대사도 이 구절로 여러 경전의 차이점을 회통한다. 그리고 천태대사는 다음과 같이 정리한다.

　"본래 한 세계에 나타내는 몸으로 한 세계를 제도하는 경우도 있고, 열 세계에 나타내는 몸으로 열 세계 중생들을 제도하는 경우도 있고, 한 세계에 나타내는 몸으로 열 세계를 제도하는 경우

도 있고, 열 세계에 나타내는 몸으로 한 세계 중생을 제도하는
경우도 있다."

『관음의소』

　(1→10)보덕낭자가 마을 청년을 교화한 것은 한 세계의 몸으로
한 세계를 제도하는 경우다. (10→10)불보살님이 여러 모습으로 여
러 세계 중생을 제도하는 것은 열 세계에 나타내는 몸으로 열 세계
중생들을 제도하는 경우다. (1→10)유마거사가 여러 세계의 대중
에게 법을 설하는 것은 한 세계에 나타내는 몸으로 열 세계를 제도
하는 경우다. (10→1)선재동자에게 53선지식이 가르침을 설한 것
은 열 세계에 나타내는 몸으로 한 세계 중생을 제도하는 경우다.

29

**33응신으로
나툰
관세음보살**

『법화경』에 등장하는 응신을 몇 분류로 구분하여 설명한다. 이 글에서는 천태대사의 『관음의소』에 의거하여 여덟 분류로 구분하여 살펴본다. 첫째는 성인聖人의 몸이고, 둘째는 하늘 세계의 몸이고, 셋째는 인간세계의 몸이고, 넷째는 사부대중의 몸이고, 다섯째는 부녀자의 몸이고, 여섯째는 동남동녀童男童女의 몸이고, 일곱째는 팔부八部대중의 몸이고, 여덟째는 집금강신의 몸이다.

첫째 성인의 몸이다.

"부처님의 몸으로써 제도할 이에게는 관세음보살은 곧 부처님의 몸을 나타내어 설법하며, 벽지불의 몸으로써 제도할 이에게는 곧 벽지불의 몸을 나타내어 설법하며, 성문의 몸으로써 제도할 이에게는 곧 성문의 몸을 나타내어 설법한다."

『법화경』「관세음보살보문품」

① 부처님의 몸으로 나타난다. 어떻게 부처님 경지에 못 미치는 보살이 부처님 몸으로 나타날 수 있을까. 우선 『천수천안관세음보살대비심다라니경』에 의하면 관세음보살은 이미 성불하였고, 『관세음보살수기경』에 의하면 중생을 위해 보살로 왔다가 석가모니부처님으로부터 수기를 받고 이후 다시 성불을 보여 준다. 그러므로 부처님의 경지보다 못하다고 말할 수 없다. 또 하나 굳이 성불하지 않았다 하더라도 보살의 위신력으로 부처님의 몸을 나타낼 수 있다. 삿된 무리 또한 부처님 모습으로 나타나서 중생을 현혹하는데, 위신력을 갖춘 보살이 어찌 부처님 몸을 나타낼 수 없겠는가.

② 벽지불辟支佛의 몸으로 나타난다. 벽지불은 범어 프라티에카붓다pratyekabuddha의 음역이다. 연각緣覺 또는 독각獨覺이라고 의역한다. 또는 연일각緣一覺이라고 한다. 12연기를 통해 깨달은 분이다. 그런데 12연기 하나만 깨달았을 뿐 궁극의 경지 아뇩다라삼약삼보리(무상정등정각無上正等正覺)를 얻지 못하였다. 그러므로 부처님이라 하지 않고 벽지불이라고 한다.

③ 성문聲聞의 몸으로 나타난다. 성문은 부처님 당시에 직접 설법

의 소리(성)를 듣고(문) 깨달음으로 나아가는 이들이다. 사성제四聖諦의 법문을 들은 다섯 비구를 비롯한 사리불존자, 목건련존자 등이다.

둘째는 하늘 세계의 몸이다.

"범천왕의 몸으로써 제도할 이에게는 곧 범천왕의 몸을 나타내어 설법하며, 제석천의 몸으로써 제도할 이에게는 곧 제석천의 몸을 나타내어 설법하며, 자재천의 몸으로써 제도할 이에게는 곧 자재천의 몸을 나타내어 설법하며, 대자재천의 몸으로써 제도할 이에게는 곧 대자재천의 몸을 나타내어 설법하며, 천대장군의 몸으로써 제도할 이에게는 곧 천대장군의 몸을 나타내어 설법하며, 비사문의 몸으로써 제도할 이에게는 곧 비사문의 몸을 나타내어 설법한다."

『법화경』「관세음보살보문품」

중생세계는 욕계, 색계, 무색계 등 삼계三界로 구분된다. 욕계는 탐욕이 중심이 되는 세계다. 색계는 대상(색)에 대한 집착이 중심이 되는 세계다. 무색계는 어리석음이 남아 마음에 대한 집착이 중심이 되는 세계다.

중생세계는 지옥, 아귀, 축생, 아수라, 인간, 천天의 육도六道(또는 육취六趣)로 구분된다. 색계, 무색계에는 하늘만 있다. 경전에서 하늘은, 중생도 하늘, 사는 공간도 하늘이라고 한다. 욕계에는 육도가 모두 있다. 욕계의 하늘은 밑에서부터 사천왕천, 야마천, 도리천 (33천), 도솔천, 낙변화천, 타화자재천이다. 색계 4천은 초선천初禪天, 제1선천, 제2선천, 제3선천, 제4선천이 있고, 각 하늘마다 또 여러 하늘이 있어 총18천이다. 무색계 4천은 색무변처천, 식무변처천, 무소유처천, 비상비비상처천이다.

④ 범천왕의 몸으로 나타난다. 범천왕은 색계 초선천의 주인이다. 욕계의 음욕을 여의어서 항상 깨끗하고 고요하므로 범천이라 한다. 초선천에 네 개의 하늘이 있는데 그 가운데 제일 정상의 하늘이 범천왕이다.

⑤ 제석천의 몸으로 나타난다. 도리천의 주인이다. 도리천을 33천이라고 한다. 사방에 각각 8하늘이 있고 가운데 한 하늘이 제석천이다. 그 하늘을 인드라(또는 인다라)라고 한다. 인드라의 뜻은 주인이다. 즉 하늘의 주인이라는 말이다. 참고로 제석천의 하늘에서 그물코마다 보석이 달린 그물이 펼쳐져 있다. 그 그물코의 보석이 서로서로를 비추기에 그 비춰 보이는 보석의 수는 헤아릴 수 없다. 헤아릴 수는 없는 경우를 제석천의 그물, 제망帝網이라고 한다. 헤아릴 수 없는 상호 관계를 인드라망이라고 한다.

⑥ 자재천의 몸으로 나타난다. 욕계의 타화자재천을 말한다. 욕계의 최고 주인이다. 다른 이가 지은 업을 마음대로 가지고 자기의

쾌락으로 삼는 까닭에 타화자재천이라고 한다. 부처님이 수도할 때 방해를 했던 마왕魔王이다.

⑦ 대자재천의 몸으로 나타난다. 색계 최고 꼭대기 하늘을 말한다. 범어로 마혜수라라고 한다. 아가니타천이라고도 하며, 이는 색구경천色究竟天이다. 눈이 세 개고 팔이 여덟 개다. 흰 소를 타고 다닌다. 하늘 가운데 최고 하늘이다. 보통 자재천은 마혜수라를 말하는데, 여기서는 욕계 꼭대기 타화자재천을 자재천이라 하고, 마혜수라를 대자재천이라고 한다.

⑧ 천대장군의 몸으로 나타난다. 사천왕천의 장군들이다. 북방 비사문천왕(다문천왕)의 여덟 장군 중 산지장군은 세상을 다니면서 선악을 상벌한다. 남방 증장천왕의 여덟 장군 중 위천장군은 팔이 네 개고, 조개를 들고 있고, 바퀴를 지니고, 금시조를 타고 다닌다. 위태천신이라고 한다. 불법을 지키는 신장으로 신중탱화 가운데 등장한다.

⑨ 비사문의 몸으로 나타난다. 사천왕천 가운데 북방 다문천왕을 말한다.

셋째는 인간세계의 몸이다.

"소왕小王의 몸으로써 제도할 이에게는 곧 소왕의 몸을 나타내어 설법하며, 장자의 몸으로써 제도할 이에게는 곧 장자의 몸을 곧 나타내어 설법하며, 거사의 몸으로써 제도할 이에게는 곧 거사의 몸을 나타내어 설법하며, 관리의 몸으로써 제도할 이에게는 곧 관리의 몸을 나타내어 설법하며, 바라문의 몸으로써 제도할 이에게는 곧 바라문의 몸을 나타내어 설법한다."

『법화경』「관세음보살보문품」

⑩ 소왕의 몸으로 나타난다. 소왕小王은 인간세계의 왕을 말한다. 하늘 왕(천왕天王)은 크고 인간세계의 왕은 작기 때문에 소왕이라 한다. 인간세계를 덕으로 잘 다스리는 왕을 전륜성왕轉輪聖王이라고 한다. 왕다운 왕, 대통령다운 대통령, 수상다운 수상이다.

⑪ 장자의 몸으로 나타난다. 장자는 보통 재력과 덕망이 있는 지역 유지를 말한다. 열 가지 뛰어난 덕이 있는 이다. 가문이 고귀하고, 지위가 높고, 부유하고, 위엄이 있고, 지혜가 깊고, 나이가 지긋하고, 품행이 깨끗하고, 예의가 있고, 윗사람이 칭찬하고, 아랫사람이 잘 따른다.

⑫ 거사의 몸으로 나타난다. 덕망이 높아 남에게 모범이 되며 학문이 뛰어나고 또한 글을 잘 쓰는 이로서 청정하게 살고자 하는 사람을 말한다. 또는 재물이 넉넉하고 집에 거처하며 가정과 사회를 위해 하는 일이 많은 사람을 말한다.

⑬ 관리의 몸으로 나타난다. 경전에는 재관宰官으로 되어있다. 정승政丞은 임금의 정치를 보좌할 능력이 있어 재관이라고 한다. 또한

지방 관리 역시 재관이라 한다.

⑭ 바라문의 몸으로 나타난다. 청정한 행을 닦는 수행자를 말한다. 또는 인도 당시 사성 계급의 최상인 바라문으로서 문학, 예술, 학문, 예의범절, 종교 등을 전문으로 한다.

넷째는 사부대중의 몸이다.

> "비구·비구니·우바새·우바이의 몸으로써 제도할 이에게는
> 곧 비구·비구니·우바새·우바이의 몸을 나타내어 설법한다."
>
> 『법화경』 「관세음보살보문품」

⑮ 비구의 몸으로 나타난다. 비구는 범어이다. 정계淨戒, 포마怖魔, 걸사乞士 등으로 번역한다. 비구는 마구니(삿된 무리)를 두렵게 한다고 해서 포마라고 하고, 계를 청정하게 지킨다고 해서 정계라고 한다. 밖으로는 의식주를 신도들에게 빌고, 안으로는 부처님의 가르침을 빈다고 걸사라고 한다. 어느 하나로 번역하면 뜻이 좁아지고 왜곡될 소지가 있어 범어 그대로 비구라고 부른다.

⑯ 비구니의 몸으로 나타난다. 여성 출가자를 말한다. 남성 출가자는 비구라고 한다.

⑰ 우바새의 몸으로 나타난다. 남자 신도를 말한다. 청신사清信士라고 번역한다. 맑고 깨끗한 믿음을 가진 신도다. 근사남近事男이라

고 번역한다. 가까이(근) 모신다(사)는 뜻이다.

⑱ 우바이의 몸으로 나타난다. 여자 신도를 말한다. 청신녀, 근사녀라고 번역한다.

비구, 비구니, 우바새, 우바이를 함께 아울러 사부대중이라고 한다. 출가자(스님)인 비구, 비구니와 재가자(신도)인 우바새, 우바이는 불교 승가를 이루는 기본 구성원이다.

다섯째는 부녀자의 몸이다.

"장자·거사·관리·바라문의 부인의 몸으로써 제도할 이에게
는 곧 부인의 몸을 나타내어 설법한다."

『법화경』 「관세음보살보문품」

⑲ 장자 부인의 몸으로 나타난다.
⑳ 거사 부인의 몸으로 나타난다.
㉑ 관리 부인의 몸으로 나타난다.
㉒ 바라문 부인의 몸으로 나타난다.

앞서 인간세계의 몸 가운데 소왕 부인의 몸은 여기에 언급하지 않고 있다. 여기에 대해 『관음의소』에는 이렇게 설명한다. '왕가王家는 굳게 닫혀 있는 곳이어서 여기저기 돌아다닐 수가 없기에 중생들을 교화하기 어렵다. 그러므로 왕가 부녀자의 몸이 되지 않는

다. 그러나 다른 경전에서 묘음보살이 왕의 후궁에서 여자의 형상
으로 나타난다고 한다.'

나타나는데 단지 이 경전에는 언급하지 않았을 뿐이다.

여섯째는 동남동녀童男童女의 몸이다.

　"동남·동녀의 몸으로써 제도할 이에게는 곧 동남·동녀의 몸
　을 나타내어 설법한다."

『법화경』「관세음보살보문품」

㉓ 동남의 몸으로 나타난다.

㉔ 동녀의 몸으로 나타난다.

동남·동녀를 보통 어린아이로 풀이한다. 그러나 단순한 어린아
이로 풀이하지 않는 경우도 있다. 어린아이는 티없이 맑고 순수하
다. 순수하고 깨끗한 것을 상징하는 뜻으로 동남·동녀라 한다. 따
라서 남성성과 여성성을 잃지 않고, 순수하고 맑게 간직한 이를 말
한다.

일곱째는 팔부八部대중의 몸이다.

　"하늘·용·야차·건달바·아수라·가루라·긴나라·마후라가

등 사람인 듯 아닌 듯한 것 등의 몸으로써 제도할 이에게는 곧 모두 그 몸을 나타내어 설법한다."

『법화경』「관세음보살보문품」

㉕ 하늘의 몸으로 나타난다. 하늘은 삼계의 모든 하늘을 말한다. 욕계 6천, 색계 18천, 무색계 4천 등 총 28천이다. 앞에서 범천왕 등 위력 있는 하늘을 열거하고 지금 다시 28천의 하늘을 언급하는 것은 하늘의 28수宿 별들이 인간세계를 관장하고 있기 때문이라고 풀이한다.

㉖ 용의 몸으로 나타난다. 용은 범어로 '나가'라고 한다. 원래 나가는 뱀을 뜻한다. 고대 인도에서 뱀에 대한 숭배에서 용으로 부각되었다. 용에는 네 종류가 있다. 첫째는 하늘의 궁전을 지키며 유지하여 인간세계에 떨어지지 않게 하는 용이다. 지붕 위에 용의 모습을 만들어 얹어 놓은 것이 여기에 해당한다. 둘째는 구름을 일으키고 비를 이루어 인간세계에 이익을 주는 용이다. 셋째는 땅에 있으며, 강을 터뜨리고 도랑을 열어 주는 용이다. 넷째는 엎드려 숨어서 전륜성왕 같이 큰 복을 지닌 사람을 지키는 용이다.

㉗ 야차의 몸으로 나타난다. '야차'라는 말은 동작이 매우 빠르다는 뜻이다. 속질귀速疾鬼라고 번역한다. 사천왕이 다스리는, 포악하고 무서운 귀신이다. 지地야차, 허공야차, 천天야차가 있는데 각각 섬, 공중, 천상에 산다. 허공야차와 천야차는 날아다니고, 지야차는

▲ 포항 황해사 33응신

날지 못한다.

㉘ 건달바의 몸으로 나타난다. 건달바는 식향食香, 심향尋香, 향음
香陰이라 번역한다. 제석천의 궁전에서 음악을 연주하는 음악의 신
이다. 아주 좋은 향을 찾아다니며 향을 먹고 산다.

㉙ 아수라의 몸으로 나타난다. 아수라는 무주無酒라고 번역한다.
한결같이 술을 마시지 않는 계율을 지킨다. 아수라는 머리가 천 개
이고, 손은 2천 개다. 또 머리가 만 개이고, 손이 2만 개다. 혹은 머
리는 세 개, 손은 여섯 개인 경우도 있다. 남자의 모습은 추하고 여
자의 모습은 단정하다. 산중에 살고 있거나 혹은 바다 밑에 살고 있
다고 한다.

㉚ 가루라의 몸으로 나타난다. 가루라는 금시조라 번역한다. 날
개 끝이 금빛이기 때문에 금시조라 한다. 용을 잡아먹는 아주 무서

운 능력을 가진다.

㉛ 긴나라의 몸으로 나타난다. 제석천 앞에서 악기를 다룬다. 작아서 건달바만 못하다. 형체는 사람과 비슷하나 머리에 뿔이 있다. 인비인人非人이라 한다. 또는 사람인가 아닌가 의심스러워 의신疑神이라 한다.

㉜ 마후라가의 몸으로 나타난다. 큰 뱀에 해당하는 뱀의 신이다. 몸은 사람과 같고 머리는 뱀이다. 땅 위의 용이라고 하여 지룡地龍이라 하고, 큰 구렁이 같이 배로 다닌다고 하여 대복행大腹行이라고 한다. 용의 무리에 딸린 낙신樂神으로서 묘신廟神이라고도 한다.

‘사람인 듯 아닌 듯한 것(인비인人非人)’은 팔부신장을 총칭하는 뜻으로 해석하거나, ‘사람의 몸과 사람 아닌 몸’으로 해석하거나, 각각 응신으로 해석하는 등 여러 해석이 있다. 앞(3. 다양한 모습으로 나투는 관세음보살)에서 언급하였다.

여덟째는 집금강신의 몸이다.

“집금강신으로써 제도할 이에게는 곧 집금강신을 나타내어 설법한다.”

『법화경』「관세음보살보문품」

㉝ 집금강신의 몸으로 나타난다. 집금강신은 팔부대중에 들어가

지 않는다. 손에 금강저를 잡고 불법을 수호하며 유지하는 호법신護法神이다. 금강역사라고도 한다. 그릇된 생각을 품은 이가 부처님을 비난하고 불법을 헐뜯는다면 손에 들고 있는 금강저를 휘둘러 응징한다.

"무진의야, 이 관세음보살은 이러한 공덕을 성취하여 갖가지 형상으로 여러 국토에 다니면서 중생을 제도하여 해탈케 한다.

그러므로 너희들은 일심으로 관세음보살에게 공양해야 한다. 이 관세음보살마하살은 두렵고 급한 재난 가운데 능히 두려움을 없애 준다. 그러므로 이 사바세계에서는 모두 '두려움을 없게 해주는 이(시무외자施無畏者)'라고 부른다."

『법화경』「관세음보살보문품」

30

이근원통으로 관세음이라 이름 받다

나무 원통교주圓通敎主 관세음보살

나무 도량교주道場敎主 관세음보살

나무 원통회상圓通會上 불보살

　관음전에서 관세음보살과 불보살님을 청하는 게송이다. 관세음
보살을 원통교주, 원통대사라고 한다. 법회 모임을 회상會上이라고
한다. 관세음보살의 법회 모임이 원통회상이다. 이 회상에는 여러
불보살님도 함께하신다. 게송의 뜻은 이렇다. "원통교주이신 관세
음보살에게 귀의합니다. 도량교주이신 관세음보살에게 귀의합니
다. 원통회상에 함께하신 불보살님께 귀의합니다."

관세음보살은 원만하여 통하지 않음이 없으므로 원통대사라고 한다. 관세음보살은 '중생들의 음성을 살펴 해탈을 얻게 하고, 중생들은 이근耳根이 총명하므로 소리를 통해 그들을 진리의 세계로 이끄는 것을 수행으로 삼기' 때문에 이근원통耳根圓通이라고 풀이한다. 이는 『능엄경』의 이근원통에서 유래하였다.

○ 스물다섯 성인의 원통 법문

『능엄경』(10권)은 음녀 마등가의 유혹에 넘어가려는 아난존자를 부처님이 구제하면서 법문이 시작된다. 필자 같은 범부는 다소 이해하기 힘든 법문이 이어진다. 그리고 제5권 후반부에서 제6권 전반부까지 '원통' 법문이 진행된다. 아난존자와 대중들은 부처님의 법문을 듣고 마음이 원통하여 의혹이 없어졌지만, 아직 원통의 근본을 알지 못하여 부처님께 비밀의 법음法音을 청한다. (참고로, 아난존자는 부처님 열반 전까지 27년 동안 부처님을 곁에서 모시면서 모든 법문을 들었다. 그러나 많이 들었음에도 부처님 열반 후에 비로소 아라한이 된다.)

이때 부처님은 여러 보살과 아라한에게 다음과 같이 묻는다.

"너희들 보살과 아라한은 나의 법 가운데 태어나 무학을 이루었다. 내가 지금 너희들에게 묻는다. 최초에 발심하여 18계를 깨달았는데, 무엇이 원통하였으며, 어떤 방편으로 삼마지에 들어갔는가?"

『능엄경』 제5권

무학無學은 더 배울 것이 없는 경지 또는 성인聖人을 말한다. 아라한을 무학이라 번역한다. 이 경전에서는 "너희들 보살과 아라한"처럼, 무학에 이른 성문과 연각은 아라한이라고 하고, 무학에 이른 보살은 보살이라고 하였다. 대승보살은 제8지 보살부터 아라한(무학)이다. 무학은 '나를 집착하는(아집我執)' 번뇌가 일어나지 않으므로 업에 의한 윤회를 하지 않는다.

18계界는 6근(根, 인식기관)인 안계·이계·비계·설계·신계·의계, 6경(境, 인식대상)(또는 6진六塵)인 색계·성계·향계·미계·촉계·법계, 6식(識, 인식작용)인 안식계·이식계·비식계·설식계·신식계·의식계 등이다. 근·경·식이 화합하여 세상이 펼쳐진다. 이 펼쳐진 세상을 법이라고 한다. 우리 앞에 펼쳐진 세상의 구성 요소가 18계다.

부처님은 무학을 이룬 보살과 아라한에게 '18계 가운데 무엇이 원통하였는가. 어떤 방편으로 삼마지에 들어갔는가.'를 묻는다. 즉 18계 가운데 무엇이 원통하여(또는 무엇으로 원통하여) 현재 경지에 이르게 되었는지 묻는다. 삼마지는 삼매다. 마음이 흩어지지 않고 편안하게 고요한 상태를 삼매라 한다. 이때 지혜가 생기고 깨달음을 얻는다.

옛 인도 스님들은 여러 논서에서 6근, 6경, 6식이 각각 그 경계를 뛰어넘는 경우를 언급한다. 눈(안계)으로 원만하게 색깔과 모양(색)뿐만 아니라 소리(성)·냄새(향)·맛(미)·감촉(촉)·법을 모두 보고 듣고 느끼고 안다. 귀(이계), 코(비계), 혀(설계), 몸(신계), 마음(의계)또한 마찬가지다. 이를 원통이라고 한다. 오늘날 시각 장애인이 휘파람을 불어 건물 벽에 반사되는 소리를 통해 주위 환경을 알고 자전거를 안전하게 타는 경우, 청각 장애인이 입 모양을 보고 소리를 아는 경우 등이 이런 것이 아닐까. 물론 이런 경우는 『능엄경』에서 말하는 원통의 근본이 아니다.

보살과 아라한은 18계 가운데 하나로 세상을 보고 듣고 느끼고 알 뿐만 아니라, 그때 대상의 본성을 깨달아 보는 쪽과 보이는 쪽 모두 공함을 안다. 모든 선입견이 사라지고, 나에게 펼쳐진 세상의 본 모습을 안다. 이를 "18계를 깨달았을 적에"라고 하였다. 이를 원통이라고 한다. 그러면 18계를 깨달을 적에, 보살과 아라한은 무엇이 원통하였는가. 25가지 원통에 대해 각각 하나씩 말한다. 어떻게 25가지인가. 세상을 이루는 구성 요소는 18계로도 설명하지만, 지地·수水·화火·풍風·공空·식識·근根 7대로도 설명한다.

교진여존자는 성진聲塵, 우파니사타존자는 색진, 향엄동자는 향진, 약왕법왕자와 약상법왕자는 미진, 발타바라보살은 촉진, 마하가섭존자는 법진 등으로 원통을 얻었다. 아나율존자는 안근, 주리

▲ 서울 옥천암 백의관음

반특가존자는 비근, 교범바제존자는 설근, 필릉가바차존자는 신근, 수보리존자는 의근 등으로 원통을 얻었다. 사리불존자는 안식, 보현보살은 이식, 손다라난타존자는 비식, 부루나존자는 설식, 우바리존자는 신식, 목건련존는 의식으로 원통을 얻었다. 오후슬마(금강역사)는 화대, 지지보살은 지대, 월광동자는 수대, 유리광법왕자는 풍대, 허공장보살은 공대, 미륵보살은 식대, 대세지보살은 근대 등으로 원통을 얻었다. 대세지보살은 염불로써 6근을 잘 다스려 삼매에 들었다.

이렇게 보살과 아라한은 각각 자신이 이룬 원통과 삼매를 말하였다. 그런데 이근으로 원통을 이룬 성인이 아직 등장하지 않았다. 그 성인은 마지막에 등장한다. 바로 관세음보살이다.

○ 관세음보살의 이근원통

이때 관세음보살은 곧 자리에서 일어나 부처님께 절을 하고 말씀드렸다.

"세존이시여. 저의 과거를 기억해 봅니다. 무수항하사겁 전에 관세음이라 이름하는 부처님이 출현하셨습니다. 저는 그 부처님 앞에 보리심을 일으켰습니다. 그 부처님께서는 저에게 문聞, 사思, 수修로부터 삼매에 들어가게 하였습니다.

처음에 듣는 가운데 법(진리)의 흐름에 들어가 소리를 잊어버리고 … 생·멸이 이미 사라져 적멸寂滅이 앞에 나타났습니다. … 저는 관세음여래께 공양 올림으로써 여환문훈문수금강삼매如幻聞熏聞修金剛三昧라는 가르침을 입었습니다. … 부처님께서 원통을 물으셨습니다. 저는 이근耳根의 문에서 원만하게 비춰 밝히는 삼매로부터 반연하는 마음이 자재하였습니다. 그로 인해 흐르는(법류) 모습에 들어가서 삼마지를 얻어 보리를 성취하였습니다. 이것이 가장 제일이라고 생각합니다.

세존이시여, 그 부처님 여래께서 제가 원통법문을 훌륭하게 얻었다고 찬탄하셨습니다. 그리고 대중 가운데 저에게 수기를 주시며, 관세음이라는 이름을 내려 주셨습니다. 제가 듣는 것을 관함으로써 시방이 원만하게 밝아졌기 때문에 관음이라는 이름이 시방세계에 두루하게 되었습니다."

『능엄경』 제6권

이상 관세음보살의 답변 가운데 이근원통이 드러나는 부분을 뽑아 인용하였다. 관세음보살은 '헤아릴 수 없는 갠지스강의 모래 수와 같은 겁' 전에 관세음부처님에게 가르침을 받았다. 들어서 얻는 지혜를 문혜聞慧, 생각해서 얻는 지혜를 사혜思慧, 닦아서 얻는 지혜를 수혜修慧라고 한다. 우선 듣는 것이 필요하다. 듣고, 듣는 것을 생각하고, 닦는다. 관세음보살은 처음에 듣는 가운데 법의 흐름에 들어가 소리를 잊고, 나아가 생·멸이 이미 사라져 적멸寂滅(열반)이 앞에 나타났다.

이러한 이근원통으로 여환문훈문수금강삼매如幻聞熏聞修金剛三昧를 얻었다. 즉 모든 것을 환화幻化와 같이(여환) 듣고서 다시 돌이켜 익히고(문훈) 듣고서 닦는(문수) 금강삼매에 들어갔다. 그리하여 깨달음을 이루었다.

"최초에 발심하여 18계를 깨달았는데, 무엇이 원통하였으며, 어떤 방편으로 삼마지에 들어갔는가?"라는 부처님 질문에, 관세음보살은 "이근耳根의 문에서 … 마음이 자재하였습니다. 그로 인해 … 삼마지를 얻어 보리를 성취하였습니다. 이것이 가장 제일이라고 생각합니다."라고 말하였다. 즉, 관세음보살의 답변은 '이근이 원통하였고, 이근원통으로 금강삼매에 들어갔습니다.'로 정리된다.

관세음보살의 이근원통은 아주 오래전 관세음여래가 계실 때 이뤄졌다. 그때 그 부처님으로부터 수기와 더불어 관세음이라는 이름을 받았다. 보살이 듣는 것을 관함으로써 시방이 원만하게 밝아졌기 때문에 관음(관세음)이라는 이름이 시방세계에 널리 알려졌다.

관세음보살은 이근을 통해 세상의 소리를 듣지만, 이근이 원통하기에 소리만 아니라 세상의 모든 것을 살필 수 있다. 그런데 어찌 이근만 원통하겠는가. 처음에는 이근의 문으로 원통하였을 뿐 이제 18계와 7대가 모두 원통하여 시방세계에 다닌다. 단지 이근원통을 부각하여 관세음이라 이름한다.

하나의 근이 근원으로 되돌아오면

6근根이 해탈을 이루네.

『능엄경』 제6권 〈문수보살 게송〉

31
관세음보살의
52가지
묘한 공덕

고통을 떠나고 해탈을 얻게 하는

참으로 훌륭하신 관세음이여!

갠지스강 모래수와 같은 오랜 겁 동안

티끌처럼 많은 불국토에 드나들면서

크고 자재한 힘을 얻어

중생들에게 두려움 없음 베풀어 주네.

『능엄경』 제6권 〈문수보살 게송〉

관세음보살은 아주 먼 옛날 관세음부처님께 가르침을 받았다.
이근원통으로 금강삼매에 들어가 깨달음을 얻었다. 그리고 홀연히 뛰어난 작용과 공덕을 얻었다. 2수승殊勝(뛰어남), 32응신, 14무외공덕無畏功德(두려움 없는 공덕), 4부사의덕不思議德(불가사의한 공덕)이다. 모두 합쳐 52가지 묘한 작용, 묘한 공덕이다. '부사의'란 생각하거나(思) 이야기할(議) 수 없다는 뜻이다. 보통 불가사의不可思議라고 한다.

첫째, 2수승殊勝(두 가지 뛰어남)이다.

"홀연히 세간과 출세간을 초월하여 시방이 원만하게 밝아져서 두 가지 수승함을 얻었습니다.

첫째, 위로는 시방 부처님의 본묘각심에 합하여(원융하여, 원융무애하여) 부처님과 자력慈力(중생을 사랑하는 힘)이 동일합니다.

둘째, 아래로는 시방 일체 육도중생과 합하여 비앙悲仰(슬피구함, 슬피 우러러봄)이 동일합니다."

『능엄경』 제6권

하나는 부처님의 마음과 원융하여 부처님과 자력이 같고, 또 하나는 중생과 원융하여 중생과 비앙(함께 가여운 마음으로 가피를 구함)이 같다. 자력과 비앙, 바로 자慈와 비悲다. 사랑과 연민이다. 이 자력에 의하여 32응신을 나타내고, 이 비앙에 의하여 14무외를 중생들에게 베푼다.

▲ 김천 직지사 관세음보살

둘째, 32응신應身이다.

"세존이시여, 저는 관세음여래께 공양 올림으로써 여환문훈 문수금강삼매라는 그 여래께서 주신 가르침을 입었습니다. 부처님과 자력이 동일하기 때문에 저의 몸이 32응신을 이루어서 여러 국토에 들어가게 하였습니다.

세존이시여, 만약 보살들이 삼마지에 들어 무루의 도를 닦아서 수승한 지혜가 나타나 원만하면, 저는 부처님의 몸을 나타내어 설법하여 그들로 하여 해탈케 합니다. … 저는 그 앞에 그 몸을 나타내어 설법하여 그들로 하여 성취하게 합니다.

이것은 미묘하고 청정한, 32가지 상응으로 국토에 들어가는 몸이라 합니다. 모두 문훈문수삼매의 작위 없는(무작無作) 묘한 힘으로써 자재하게 성취하였습니다."

『능엄경』 제6권

관세음보살은 부처님의 몸 등 32응신으로 여러 국토에 들어가 중생을 제도한다. 32응신은 바로 뒤에 별도로 살펴본다.

셋째, 14무외공덕無畏功德이다.

"세존이시여, 저는 또한 이 문훈문수금강삼매의 작위 없는 묘한 힘으로 모든 시방삼세 육도 일체중생과 더불어 비앙悲仰이 같으므로 모든 중생으로 하여 저의 몸과 마음에서 14가지 두려움 없는 공덕을 얻게 합니다.

첫 번째 … 열네 번째 ….

이것은 14가지 두려움 없음을 주는 힘으로써 중생들에게 복을 구비하도록 해 주는 것이라고 합니다."

『능엄경』 제6권

「관세음보살보문품」에서는 관세음보살의 이름을 부르면 12고난(칠난, 삼재, 두 가지 소원)을 벗어난다고 하였다. 칠난七難은 불의 난, 물의 난, 나찰의 난, 칼과 막대기의 난, 악귀의 난, 족쇄의 난, 도적의 난 등이다. 삼재三災는 음욕, 성냄, 어리석음 등 탐진치貪瞋癡 삼독三毒으로 인한 재난이다. 두 가지 소원은 아들과 딸을 낳고자 함이다. 아들과 딸 등 자식이 없는 괴로움이다. 여기『능엄경』에는 2가지가 더 있다. 그 14가지를 간단하게 정리하면 이렇다.

① 고뇌하는 중생의 음성을 관하여, 괴로움으로부터 벗어나게 한다.

② 큰불에 들어가도 불이 태우지 못하게 한다. ③ 큰물에 표류하더라도 물에 빠지게 않게 한다. ④ 나찰의 나라에 들어가더라도 해치지 못하게 한다. ⑤ 상해를 입게 될 때 칼과 창이 부서지는 등 해

치지 못하게 한다. ⑥ 야차와 나찰 등 귀신이 옆에 있어도 중생을 볼 수 없게 한다. ⑦ 수갑이나 쇠고랑이 몸에 붙어 있지 못하게 한다. ⑧ 위험한 길을 가더라도 도적들이 그를 겁탈하지 못하게 한다.

⑨ 음욕 많은 중생을 탐욕으로 벗어나게 한다. ⑩ 분노와 원한 많은 중생을 성냄으로 벗어나게 한다. ⑪ 아둔한 중생을 어리석음으로 벗어나게 한다.

⑫ 아들을 구하는 자에게 복덕과 지혜를 갖춘 아들이 태어나게 한다. ⑬ 딸을 구하는 자에게 단정하고 복덕 있고 유순하고 사랑받고 공경받는 딸이 태어나게 한다.

⑭ 관세음보살의 명호를 지니는 복덕은 62항하사 보살의 명호를 지니는 복덕과 같다.

②~⑧은 칠난, ⑧~⑪는 삼재, ⑫~⑬은 두 가지 소원이다. 그런데 살펴보면, ①은 「보문품」 "만일 한량없는 백천만억 중생이 여러 가지 고뇌를 받을 때에 이 관세음보살의 공덕을 듣고 일심으로 이름을 부르면, 관세음보살이 즉시 그 음성을 살펴서 모두 벗어나게 한다."는 내용에 해당하고, ⑭는 "(만약 어떤 사람이 62억 갠지스강 모래 수의 보살 이름을 받아 지녀 목숨이 다하도록 음식·의복·침구·의약 등으로 공양하고) 만약 어떤 사람이 관세음보살의 이름을 받아 지녀 한때만이라도 예배하고 공양한다면, 이 두 사람의 복은 똑같아 다름이 없고, 백천만억 겁에 이르도록 다할 수가 없다."는 내용에 해

당한다. 즉 ①과 ⑭는 「보문품」 12난 앞에 있는 내용과 뒤에 있는 내용을 각각 별도의 항목으로 잡았다.

넷째, 4부사의덕不思議德이다.

> "세존이시여, 제가 또 이 원통을 얻어서 무상도無上道를 닦아 증득했기 때문에 네 가지 부사의한, 작위 없는 묘한 덕을 얻었습니다."
>
> 「능엄경」 제6권

네 가지 부사의한 덕을 정리하면 이렇다. 아래 작은따옴표 속 이야기는 경전 내용을 발췌하였다.

첫째, 육근의 한계가 없어진 부사의한 공덕이다. '묘하고 묘한 듣는 마음을 얻어서, 이 마음이 듣는 것을 벗어나 보고 듣고 느끼고 알게(견문각지見聞覺知) 되어 하나의 원융하고 청정한 보배로운 깨달음을 얻었다. 따라서 여러 가지 묘한 모습을 나타내어 한없는 비밀 신주祕密神呪를 마음대로 말한다. 천 개의 손, 천 개의 눈 등 여러 가지 모습을 나타내기도 하며, 자비로, 위엄으로, 선정으로, 지혜로 중생을 구호하는 등 뛰어나게 자재한 능력을 얻었다.'

둘째, 문사聞思가 6진塵을 뛰어넘는 부사의한 공덕이다. '듣고 생각하는 지혜로 육진을 뛰어넘는다. 마치 소리가 담을 넘는 데 장애가 없는 듯하다. 그러므로 하나하나 모습을 묘하게 나타내고 하나하나 주문을 묘하게 독송한다. 이 모습과 주문으로 모든 중생에게 두려움을 없게 한다. 따라서 모든 국토에서 시무외자施無畏者라고 한다.'

셋째, 탐욕을 버리고 애절하게 구하게 하는 부사의한 공덕이다. '본래 묘한 원통의 청정한 본래 근根(이근)을 수행하였다. 따라서 다니는 세상마다 중생들에게 모두 몸과 보배에 대한 애착을 버리고 가엾게 여겨 구제하기를 원하게 한다.'

넷째, 부처님께 공양드리고 중생의 소원을 성취하게 하는 부사의한 공덕이다. '불심佛心을 얻어서 궁극을 증득하였다. 여러 가지 진귀한 보배를 시방 여래에게 능히 공양 올린다. 그리고 법계의 육도 중생에게 미쳐서 아내, 아들, 삼매, 장수, 열반 등 그들이 얻고자 하는 것을 얻게 한다.'

이와 같이 관세음보살의 52공덕을 살펴보았다.

『능엄경』은 「보문품」보다 좀 더 자세하게 설명한다. 「보문품」에서는 무진의보살의 물음에 부처님이 말씀하셨고, 『능엄경』에서는 부처님의 물음에 관세음보살이 자세하게 말씀드렸다.

관세음보살은 관세음여래로부터 문훈문수금강삼매의 가르침을 받았다. 이 가르침을 입어서 부처님과 더불어 자력이 동일하고, 중생과 더불어 비앙이 동일하다. 이것이 2수승이다. 부처님과 더불어 자력이 동일하기 때문에 32응신으로 모든 국토에 들어가서 중생들에게 즐거움을 준다(여락與樂). 중생과 더불어 비앙이 동일하기 때문에 14무외력으로 중생들의 괴로움을 뽑아낸다(발고拔苦). 이러한 공덕은 4부사의덕으로 정리되고 또한 드러난다.

32

32응신으로
나툰
관세음보살

"세존이시여, 저는 관세음여래께 공양 올림으로써 여환문훈
문수금강삼매如幻聞熏聞修金剛三昧라는, 그 여래께서 주신 가르침
을 입었습니다. 부처님과 자력慈力이 동일하기 때문에 저의 몸이
32응신을 이루어서 여러 국토에 들어가게 하였습니다."

『능엄경』 제6권

여환문훈문수금강삼매如幻聞熏聞修金剛三昧는 모든 것을 환화幻化와
같이(여환) 듣고서 다시 돌이켜 익히고(문훈) 듣고서 닦는(문수) 금
강삼매다. 『능엄경』에는 또는 문훈문수금강삼매, 또는 금강삼매라
고도 한다. 금강삼매와 수능엄삼매를 얻으면 여래의 열반을 얻을

수 있다고 한다. 금강삼매로 인해 관세음보살은 부처님과 사랑(慈)의 힘이 동일하므로 32응신을 이루어서 여러 국토에 드나들며 중생을 제도한다.

앞서 말했듯이 중생을 위해 여러 모습으로 나타나신 불보살님을 응신應身이라고 한다. 또는 화신化身이라고 한다. 「관세음보살보문품」을 풀이할 때 '관세음보살은 대자심大慈心으로 각 중생에게 여러 형상을 나타내어 설법한다.'고 하지만, 그 품에서는 이를 직접 드러내는 문장은 없다. 반면 『능엄경』에서는 '자력慈力으로 32응신을 이룬다.'고 명확하게 나타낸다. 자력은 대자大慈의 힘이다. 『능엄경』에서는 32응신으로 명시하였다. 그러나 「보문품」에는 그 숫자를 명시하지 않았다. 단지 경전 풀이를 하면서 보통 33응신이라고 말한다. 또한 「보문품」과 『능엄경』에 등장하는 응신도 차이가 난다. 그리고 「보문품」에서는 '부처님의 몸으로써 제도할 이에게는 곧 부처님의 몸으로 나타내어 설법하며'라고 간단하게 언급하지만, 『능엄경』에서는 좀 더 자세하다.

그럼, 「보문품」 풀이할 때처럼 32응신을 몇 부류로 구분하여 그 차이를 살펴보고자 한다. 숫자(①, ② 등)는 필자가 편의상 붙였다.

첫째는 성인聖人의 몸이다.

"① 만약 보살들이 삼마지에 들어 무루의 도를 닦아서 수승한 지혜가 나타나 원만하면, 저는 부처님의 몸을 나타내어 설법하여 그들로 하여 해탈케 합니다.

② 만약 유학들이 고요하고 묘하게 밝아서 뛰어나고 묘한 지혜가 나타나 원만하면, 저는 그 앞에 독각의 몸을 나타내어 설법하여 그들로 하여 해탈케 합니다.

③ 만약 유학들이 12인연을 끊고서 인연이 끊어져 뛰어난 성품이 뛰어나고 묘하게 나타나 원만하면, 저는 그 앞에 연각의 몸을 나타내어 설법하여 그들로 하여 해탈케 합니다.

④ 만약 유학들이 사성제의 공空을 얻어 도를 닦아 열반에 들어가서 뛰어난 성품이 나타나 원만하면, 저는 그 앞에 성문의 몸을 나타내어 설법하여 그들로 하여 해탈케 합니다."

『능엄경』 제6권

① 부처님의 몸, ② 독각의 몸, ③ 연각의 몸, ④ 성문의 몸이다. 「보문품」에서는 부처님, 벽지불, 성문이다. 여기서는 벽지불을 독각과 연각으로 구분한다. 독각은 부처님이 없을 때 홀로 깨친 성인을 말하고, 연각은 12연기를 깨달은 성인을 말한다. 두 성인 모두 12연기 하나를 깨달았을 뿐 아뇩다라삼약삼보리를 얻지 못하였기 때문에 벽지불이라고 한다.

둘째는 하늘세계의 몸이다.

"⑤ 만약 중생들이 마음을 밝게 깨닫고자 하고 욕진欲塵을 범하지 않고 몸을 청정하게 하려고 하면, 저는 그 앞에 범왕신의 몸을 나타내어 설법하여 그들로 하여 해탈케 합니다.

⑥ 만약 중생들이 하늘의 주인이 되어 모든 하늘을 다스리고자 하면, 저는 그 앞에 제석천의 몸을 나타내어 설법하여 그들로 하여 성취하게 합니다.

⑦ 만약 중생들이 몸이 자재하여 시방세계를 다니고자 하면, 저는 그 앞에 자재천의 몸을 나타내어 설법하여 그들이 성취하게 합니다.

⑧ 만약 중생들이 몸이 자재하여 허공을 날아다니고자 하면, 저는 그 앞에 대자재천의 몸을 나타내어 설법하여 그들로 하여 성취하게 합니다.

⑨ 만약 중생들이 귀신을 다스려 국토를 보호하기를 좋아하면, 저는 그 앞에 천대장군의 몸을 나타내어 설법하여 그들로 하여 성취하게 합니다.

⑩ 만약 중생들이 세계를 다스려 중생을 보호하기를 좋아하면, 저는 그 앞에 사천왕의 몸을 나타내어 설법하여 그들로 하여 성취하게 합니다.

⑪ 만약 중생들이 하늘 궁전에 태어나 귀신 부리기를 좋아하면, 저는 그 앞에 사천왕국 태자의 몸을 나타내어 설법하여 그들로 하여 성취하게 합니다."

⑤ 범왕신의 몸, ⑥ 제석천의 몸, ⑦ 자재천의 몸, ⑧ 대자재천의 몸, ⑨ 천대장군의 몸, ⑩ 사천왕의 몸, ⑪ 사천왕국 태자의 몸이다. 「보문품」에서는 범천왕, 제석천, 자재천, 대자재천, 천대장군, 비사문의 몸이다. 여기서는 비사문의 몸은 없고, 대신에 사천왕국 태자의 몸이 있다. 사천왕은 각각 91명의 태자가 있다. 이들은 귀신을 부린다.

셋째는 인간세계의 몸이다.

"⑫ 만약 중생들이 인간세계의 왕이 되기를 좋아하면, 저는 그 앞에 인간세계 왕의 몸을 나타내어 설법하여 그들로 하여 성취하게 합니다.

⑬ 만약 중생들이 귀한 가문의 주인이 되어 세상 사람이 받들어 주기를 좋아하면, 저는 그 앞에 장자의 몸을 나타내어 설법하여 그들로 하여 성취하게 합니다.

⑭ 만약 중생들이 명언名言을 이야기하고 청정하게 스스로 살기를 좋아하면, 저는 그 앞에 거사의 몸을 나타내어 설법하여 그들로 하여 성취하게 합니다.

⑮ 만약 중생들이 국토를 다스려서 나라와 고을 일 맡기를 좋

아하면, 저는 그 앞에 관리(재관)의 몸을 나타내어 설법하여 그들로 하여 성취하게 합니다.

⑯ 만약 중생들이 여러 술수를 좋아해서 그 술수를 가지고 남을 해치지 않고 자기 몸을 보호하며 살려고 하면, 저는 그 앞에 바라문의 몸을 나타내어 설법하여 그들이 성취하게 합니다."

『능엄경』 제6권

⑫ 왕의 몸, ⑬ 장자의 몸, ⑭ 거사의 몸, ⑮ 관리의 몸, ⑯ 바라문의 몸이다. 이 부분은 「보문품」과 같다.

넷째는 사부대중의 몸이다.

"⑰ 만약 어떤 남자가 배움을 좋아해서 출가하여 모든 계율을 지니려 하면, 저는 그 앞에 비구의 몸을 나타내어 설법하여 그로 하여 성취하게 합니다.

⑱ 만약 어떤 여자가 배움을 좋아해서 출가하여 모든 금계를 지니려 하면, 저는 그 앞에 비구니의 몸을 나타내어 설법하여 그녀로 하여 성취하게 합니다.

⑲ 만약 어떤 남자가 오계를 지키며 살고자 하면, 저는 그 앞에 우바새의 몸을 나타내어 설법하여 그로 하여 성취하게 합니다.

⑳ 만약 또한 여자가 오계를 지키며 살고자 하면, 저는 그 앞

▲ 양양 낙산사의 32응신

에 우바이의 몸을 나타내어 설법하여 그녀로 하여 성취하게 합니다."

『능엄경』 제6권

⑰ 비구의 몸, ⑱ 비구니의 몸, ⑲ 우바새의 몸, ⑳ 우바이의 몸이다. 이 부분은 「보문품」과 같다.

다섯째는 부녀자의 몸이다.

"㉑ 만약 어떤 여인이 안으로 잘 다스려 두각을 나타내어 가정이나 나라를 잘 되게 하고자 하면, 저는 그 앞에 황후의 몸, 제후 부인의 몸, 관리 부인의 몸, 황후와 궁녀를 지도하는 여인의 몸을 나타내어 설법하여 그녀로 하여 성취하게 합니다."

『능엄경』 제6권

㉑ 황후의 몸, 제후 부인의 몸, 관리 부인의 몸, 황후와 궁녀를 지도하는 여인의 몸이다. 여기서는 부녀자의 몸을 응신 한 분으로 간주한다. 그런데 「보문품」에서는 장자 부인, 거사 부인, 관리 부인, 바라문 부인의 몸으로 각각 나타내어, 응신 네 분으로 풀이한다.

여섯째는 동남동녀童男童女의 몸이다.

"㉒ 만약 어떤 중생이 남근(남자의 동정)을 무너뜨리지 않으려 하면, 저는 그 앞에 동남의 몸을 나타내어 설법하여 그로 하여 성취하게 합니다.
  ㉓ 만약 어떤 처녀가 처녀의 몸으로 있기를 좋아하고 남자와 관계하고자 하지 않으면, 저는 그 앞에 동녀의 몸을 나타내어 설법하여 그녀로 하여 성취하게 합니다."

『능엄경』 제6권

㉒동남의 몸, ㉓동녀의 몸이다. 이 부분은 「보문품」과 같다. 그런

▲ 양양 낙산사의 32응신

데 여기서는 동남동녀가 어린아이가 아님을 명확하게 알 수 있다. 동남동녀는 남성성과 여성성을 잃지 않고, 순수하고 맑게 간직한 이를 말한다.

일곱 번째는 팔부八部대중의 몸이다.

"㉔ 만약 하늘들이 하늘 무리에서 벗어나기를 좋아하면, 저는 그 앞에 하늘의 몸을 나타내어 설법하여 그들로 하여 성취하게 합니다.

㉕ 만약 용들이 용의 무리에서 벗어나기를 좋아하면, 저는 그

앞에 용의 몸을 나타내어 설법하여 그들로 하여 성취하게 합니다.

㉖ 만약 어떤 야차가 그 무리에서 벗어나기를 좋아하면, 저는 그 앞에 야차의 몸을 나타내어 설법하여 그로 하여 성취하게 합니다.

㉗ 만약 어떤 건달바가 그 무리에서 벗어나기를 좋아하면, 저는 그 앞에 건달바의 몸을 나타내어 설법하여 그로 하여 성취하게 합니다.

㉘ 만약 어떤 아수라가 그 무리에서 벗어나기를 좋아하면, 저는 그 앞에 아수라의 몸을 나타내어 설법하여 그로 하여 성취하게 합니다.

㉙ 만약 어떤 긴나라가 그 무리에서 벗어나기를 좋아하면, 저는 그 앞에 긴나라의 몸을 나타내어 설법하여 그로 하여 성취하게 합니다.

㉚ 만약 어떤 마호라가가 그 무리에서 벗어나기를 좋아하면, 저는 그 앞에 마호라가의 몸을 나타내어 설법하여 그로 하여 성취하게 합니다."

『능엄경』 제6권

㉔ 하늘의 몸, ㉕ 용의 몸, ㉖ 야차의 몸, ㉗ 건달바의 몸, ㉘ 아수라의 몸, ㉙ 긴나라의 몸, ㉚ 마호라가의 몸이다. 여기서는 천룡팔부 가운데 가루라(금시조)의 몸이 나오지 않지만, 그 안에 포함되었다

고 풀이한다.「보문품」에는 팔부대중의 몸을 모두 언급한다.

여덟 번째는 사람의 몸과 사람 아닌 몸이다.

"㉛ 만약 중생들이 사람을 좋아해서 사람의 도리를 닦으려 하면, 저는 그 앞에 사람의 몸을 나타내어 설법하여 그들로 하여 성취하게 합니다.

㉜ 만약 사람 아닌 중생들로서 모습이 있거나 모습이 없거나 생각이 있거나 생각이 없거나 하는 중생이 그 무리에서 벗어나기를 좋아하면, 저는 그 앞에 그 몸을 나타내어 설법하여 그들로 하여 성취하게 합니다."

『능엄경』 제6권

㉛ 사람(人)의 몸, ㉜ 사람 아닌(非人) 몸이다.「보문품」에서는 '… 마후라가, 인비인人非人 등의 몸'이라고 되어 있다. 이때 인비인人非人을 팔부신장을 총칭하는 뜻으로 해석하거나, '사람의 몸과 사람 아닌 몸'으로 해석하거나 한다. 여기서는 사람의 몸, 사람 아닌 중생의 몸으로 나타낸다.

「보문품」에서는 여덟 번째로 집금강신의 몸이 있는데, 여기에는 없다.

이처럼 관세음보살은 금강삼매의 묘한 힘으로 32응신을 자재하게 성취하였다. 32응신이라고 해서 32분의 모습으로만 나타내는 것은 아니다. 경전에서도 사람의 몸, 사람 아닌 몸으로 나타난다고 했으니, 그 수가 얼마이겠는가. 또한 『능엄경』에서 관세음보살의 4부사의덕 가운데 첫 번째 부사의덕 부분에서 이런 내용이 있다.

"제가 능히 여러 가지 모습을 나타내어 가없는 비밀신주를 말합니다. 그 가운데 혹은 하나의 머리, 셋의 머리, 다섯의 머리, … 천의 머리, 만의 머리, 8만4천의 견고한 머리를 나타냅니다. 두 팔, 네 팔, … 천의 팔, 만의 팔, 8만4천의 묘한 팔을 나타냅니다. 두 눈, 세 눈, 다섯 눈 … 천의 눈, 만의 눈, 8만4천 청정한 보배 눈을 나타냅니다."

『능엄경』 제6권

그 가운데 한 분이 바로 천수천안관세음보살이다. 천안은 중생 입장에서 바라보는 지혜의 눈이고, 천수는 중생을 구제하고자 하는 다양한 방편을 말한다. 어찌 천안과 천수뿐이겠는가. 생각할 수 없고, 말로 할 수 없는 관세음보살의 덕을 천이라는 숫자로 나타냈을 뿐이다.

33
—
**이근원통은
지금 우리를 위한
법문**

이 원통법문은 티끌처럼 많은 부처님
한길로 열반에 들어가는 문이네.

과거 세상 여러 여래께서
이 문으로 위없는 깨달음을 이루셨고
현재 세상 여러 보살도
지금 각각 원만한 밝음에 들어가고
미래 세상 배우는 이도
이러한 법에 의지하리라.

나 또한 이 법 가운데 증득하였으니

오직 관세음보살만 닦은 것은 아니네.

『능엄경』 제6권 〈문수보살 게송〉

『능엄경』에서 원통법문은 '아직 원통의 근본을 알지 못하는' 아난존자가 부처님께 법을 청하는 것으로 시작한다. 이에 부처님은 무학을 이룬 보살과 아라한에게 각자의 원통법문을 물으신다. 이때 보살과 아라한은 18계(6경·6근·6식)와 7대(지·수·화·풍·공·식·근) 등 25가지 원통에 대해 각각 하나씩 말한다. 마지막으로 관세음보살은 이근원통耳根圓通 법문을 말한다.

관세음보살의 말씀이 끝나자 상서로운 광경이 펼쳐진다. 석가모니부처님과 모든 부처님이 광명을 내셨다. 나무와 연못에서 모두 법음이 들리고, 부처님의 광명은 서로 비춰 보배 그물과 같았다. 여러 상서로운 기운을 보고서 모두 금강삼매를 얻었다. 하늘에서 보배 연꽃이 내려오고, 허공은 칠보로 가득하였다. 사바세계의 산하대지는 모두 사라져 나타나지 않고, 티끌처럼 많은 세계는 합하여 한 세계가 되었다. 청정한 음악이 저절로 연주되었다.

이때 부처님이 문수보살에게 물으셨다.

"… 저들의 수행은 참으로 우열과 전후의 차별이 없다. 지금 아난을 깨닫게 하려면 25행 가운데 어느 것이 그의 근기에 해당하며, 아울러 내가 멸한 후에 이 세계 중생들이 보살승에 들어가 무상도를 구하려면, 어느 방편문으로 용이하게 성취하겠는가?"

『능엄경』 제6권

부처님의 자비심이다. 아난존자뿐만 아니라 지금 우리를 위한 부처님의 자비다. 25행의 원통에 우열과 전후의 차별은 없지만, 분별하는 중생인지라 미래 중생에 맞는 방편문을 알려 주고자 문수보살에게 질문을 던진 것이다.

곧 문수보살은 게송으로 25행에 원통을 이룬 여러 성인을 찬탄한다. 끝으로 관세음보살의 이근원통에 대한 찬탄은 이렇게 시작한다.

제가 지금 세존께 아뢰옵니다.
부처님께서 사바세계에 출현하시어
이곳에서 가르치신 참된 가르침의 본체인
청정은 소리를 듣는 데 있습니다.
삼매를 얻고자 한다면
실로 듣는 가운데 들어가야 합니다.

『능엄경』 제6권

문수보살은 25행 원통 가운데 이근원통을 극찬한다. 부처님이 이 사바세계에서 펼치신 가르침의 본체인 청정도 바로 소리를 듣는 데 있다고 한다. 문수보살은 이근원통의 깊은 뜻을 게송으로 말한다. 눈은 뒤도 못 보고, 가려져도 못 본다. 코와 혀와 몸은 그 대상과 합치지 않으면, 촉각을 내거나 맛을 보거나 냄새를 맡거나 하지 못한다. 그러나 귀는 담을 넘어서 소리를 듣고, 멀거나 가깝거나 모두 듣는다. 이 소리를 잘 살펴서 듣는 성품을 돌이켜 익히고 닦아 이근원통을 이룬다. 이근원통은 관세음보살만이 아니라 삼세 부처님과 보살과 수행자가 모두 닦은 법문이다.

문수보살은 '말세 중생이 위없는 열반심을 성취하려면 관세음보살의 이근원통이 으뜸'이라고 명확하게 부처님께 말씀드린다. 그리고 다음 게송으로 마무리한다.

번뇌 없고(무루無漏), 부사의한

여래장如來藏에 머리 숙여 예를 올립니다.

원컨대 미래 중생에게 가피를 주시어

이근원통 법문에 의심 없게 하소서.

성취하기 쉬운 방편으로서

아난과 말세의 헤매는 중생에게

가르치기 적당합니다.

이근으로 닦기만 하면

원통이 다른 법문보다 뛰어나니,

▲ 남양주 봉선사 관세음보살

진실한 마음이 이와 같습니다.

『능엄경』 제6권

중국 송나라 때 소동파가 불인선사에게 물었다.

"그림을 보면 염주를 들고 있는 관세음보살이 있습니다. 스님은 아미타부처님, 또는 관세음보살을 생각하고 명호를 부르기 위해서 염주를 들고 있는데, 관세음보살은 어느 분을 생각하며 염주를 들고 있습니까."

선사가 말하였다.

"관세음보살은 남에게 구하는 것이 아니라 자기 자신 가운데 자기관음을 생각하고 염주를 들고 있습니다."

가끔 밖으로 관세음보살 찾지 말고 자기관음을 보라고 이야기한다. 처음부터 자기관음을 생각하고 염주를 돌리는 이는 거의 없다. 칠난으로 고통받고 삼재를 벗어나지 못하고 소원이 있어 밖으로 도움을 요청할 수밖에 없다. 대부분 시작은 그렇게 한다. 그렇게 신행이 진행되어가다가 자연스럽게 자기 내면으로 향한다. 그래도 여전히 밖의 관세음보살을 그린다.

관세음보살은 관세음부처님으로부터 가르침을 받고 관세음이라는 이름도 받았다. 문수보살은 말세 중생에게는 이근원통이 가장 으뜸이라고 하였다. 우리도 관세음보살을 부르고, 부르는 그 소리를 다시 내가 듣다 보면, 홀연히 내 안의 관세음보살이 나에게 관세음이라는 이름을 주지 않겠는가.

　　그러므로 항상 염念하여

　　잠깐도 의심하지 말라.

　　관세음보살 청정한 성인은

　　고뇌와 죽음과 액운에서

　　능히 믿고 의지할 바 되네.

　　일체의 모든 공덕 갖추고

　　자비의 눈으로 중생을 보며

　　복은 바다처럼 한량없으니

　　마땅히 머리 숙여 예배하여라.

『법화경』「관세음보살보문품」

참고문헌

1. 원전

불타야사·축불념 공역, 『잡아함경』, 대정장2.

구담승가제바스님 역, 『증일아함경』, 대정장2.

구마라집스님 역, 『금강반야바라밀경』, 대정장8.

규기스님 술, 『당범번대자음반야바라밀다심경병서』, 대정장8.

반야스님·이언스님 공역, 『반야바라밀다심경』, 대정장8.

법월스님 역, 『보변지장반야바라밀다심경』, 대정장8.

축법호스님 역, 『정법화경』, 대정장9.

구마라집스님 역, 『묘법연화경』, 대정장9.

사나굴다스님·달마굽다스님 공역, 『첨품묘법연화경』, 대정장9.

불타발타라스님 역, 『대방광불화엄경(60권)』, 대정장9.

반야다라스님 역, 『대방광불화엄경(40권)』, 대정장10.

실차난타스님 역, 『대방광불화엄경(80권)』, 대정장10.

강승개스님 역, 『무량수경』, 대정장12.

강량야사스님 역, 『관무량수경』, 대정장12.

담무갈스님 역, 『관세음보살수기경』, 대정장12.

반자밀제스님 역, 『대불정여래밀인수증요의제보살만행수능엄경』, 대정장19.

가범달마스님 역, 『천수천안관세음보살광대원만무애대비심다라니경』, 대정장20.

마명보살 저, 『대승기신론』, 대정장32.

이통현 찬, 『신화엄경론』, 대정장36.

지의스님 술, 『마하지관』, 대정장46.

지례스님 집, 『천수안대비심주행법』, 대정장46.

지반스님 찬, 『불조통기』, 대정장49.

현장스님 저, 『대당서역기』, 대정장51.

원효스님 저, 『유심안락도』, 한국불교전서1, 대정장47.

의상스님 저, 『백화도량발원문』, 한국불교전서2.

역자 모름, 『관세음보살왕생정토본연경』, 만속장경87.

2. 번역서 및 저서

관응스님, 『관응큰스님의 화엄의 바다』, 밀알, 1993.

김탄허스님 역해, 『현토역해 신화엄경합론』, 화엄학연구소, 1977.

김현준, 『관음신앙·미타기도법』, 효림, 2001.

대한불교천태종 총본사 구인사, 『관음의소』, 1996.

대한불교천태종 총본사 구인사, 『관음현의』, 1996.

대한불교천태종 황해사, 『수월관음 및 관음신행의 종합적 연구』, 2012.

목경찬, 『대승기신론 입문』, 불광출판사, 2018.

목경찬, 『부처님께 다가가는 방법』, 조계종출판사, 2010.

목경찬, 『사찰, 어느 것도 그냥 있는 것이 아니다』, 조계종출판사, 2008.

목경찬, 『유식불교의 이해』, 불광출판사, 2012.

목경찬, 『정토, 이야기로 보다』, 담앤북스, 2020.

무비스님, 『무비스님의 천수경』, 조계종출판사, 2005.

무비스님, 『무비스님의 반야심경』, 조계종출판사, 2005.

무비스님, 『법화경』, 불광출판사, 2003.

법령스님, 『보문품강화』, 성보문화재연구원, 2014.

서성운스님 편저,『묘법연화경』, 삼천사, 1993.

우룡스님,『생활 속의 관음경』, 효림, 2004.

원조각성스님,『능엄경정해』, 현음사, 2001.

윤영해,『천수경과 기도영험』, 불교시대사, 2015.

이미령,『고맙습니다 관세음보살』, 불교시대사, 2008.

이미령 역, 미즈노 고겐 저,『경전의 성립과 전개』, 시공사, 1996.

이민수 역, 일연스님 저,『삼국유사』, 을유문화사, 1983.

이운허스님,『불교의 철리와 수행의 완성』, 동국대역경원, 1974.

이원섭 역,『묘법연화경 문구』, 영산 법화사 출판부, 1997.

정각스님,『천수경연구』, 운주사, 1996.

정승석 역, 平川彰 외 저,『대승불교개설』, 김영사, 1984.

정원규 역, 선화 상인 저,『능엄경 강설』, 불광출판사, 2012.

차차석,『다시 읽는 법화경』, 조계종출판사, 2010.

차차석 편역,『관세음 보살 보문품』, 우리출판사, 2017.

최기표,『금강경·반야심경 읽기』, 세창미디어, 2014.

학담 해설,『천수관음과 대다라니』, 큰수레, 2008.

해주스님 역주,『정선 원효』, 대한불교조계종 한국전통사상서 간행위원회 출판부, 2009.

해주스님,『화엄의 세계』, 민족사, 1998.

혜봉스님 역주, 원효스님 저,『유심안락도』, 운주사, 2015.

효산스님 역해,『약석 신화엄경론』, 운주사, 1999.

관음신앙, 33개의 나침반

초판 1쇄 발행   2020년 10월 27일

지은이   목경찬

펴낸이   오세룡
기획·편집   김영미 유나리 박성화 손미숙 김정은
취재·기획   최은영 곽은영
디자인   김경년(dalppa@naver.com)
             고혜정 김효선 장혜정
홍보·마케팅   이주하

펴낸곳   담앤북스
             서울특별시 종로구 새문안로3길 23 경희궁의 아침 4단지 805호
             대표전화 02)765-1251
             전송 02)764-1251
             전자우편 damnbooks@hanmail.net
             출판등록 제300-2011-115호

ISBN   979-11-6201-255-0 (03220)

정가 14,500원